中华人民共和国仲裁法

(实用版)

中国法制出版社
CHINA LEGAL PUBLISHING HOUSE

图书在版编目（CIP）数据

中华人民共和国仲裁法：实用版／中国法制出版社编．—2版．—北京：中国法制出版社，2022.10
ISBN 978-7-5216-2733-6

Ⅰ．①中… Ⅱ．①中… Ⅲ．①仲裁法-中国 Ⅳ．①D925.7

中国版本图书馆CIP数据核字（2022）第108247号

中华人民共和国仲裁法（实用版）
ZHONGHUA RENMIN GONGHEGUO ZHONGCAIFA（SHIYONGBAN）

经销/新华书店
印刷/北京海纳百川印刷有限公司
开本/850毫米×1168毫米 32开　　　　　　　　印张/6.5　字数/195千
版次/2022年10月第2版　　　　　　　　　　　2022年10月第1次印刷

中国法制出版社出版
书号 ISBN 978-7-5216-2733-6　　　　　　　　　　定价：20.00元

北京市西城区西便门西里甲16号西便门办公区
邮政编码：100053　　　　　　　　　　　　　　传真：010-63141600
网址：http://www.zgfzs.com　　　　　　　　 编辑部电话：010-63141672
市场营销部电话：010-63141612　　　　　　　印务部电话：010-63141606

（如有印装质量问题，请与本社印务部联系。）

■实用版

编辑说明

运用法律维护权利和利益,是读者选购法律图书的主要目的。法律文本单行本提供最基本的法律依据,但单纯的法律文本中的有些概念、术语,读者不易理解;法律释义类图书有助于读者理解法律的本义,但又过于繁杂、冗长。"实用版"法律图书至今已行销多年,因其实用、易懂的优点,成为广大读者理解、掌握法律的首选工具。

"**实用版系列**"独具五重使用价值:

1. **专业出版**。中国法制出版社是中央级法律类图书专业出版社,是国家法律、行政法规文本的权威出版机构。

2. **法律文本规范**。法律条文利用了本社法律单行本的资源,与国家法律、行政法规正式版本完全一致,确保条文准确、权威。

3. **条文解读详致**。本书中的【理解与适用】从庞杂的相互关联的法律条文以及全国人大常委会法制工作委员会等对条文的解读中精选、提炼而来;【典型案例指引】来自最高人民法院指导案例、公报、各高级人民法院判决书等,点出适用要点,展示解决法律问题的实例。

4. **附录实用**。书末收录经提炼的法律流程图、诉讼文书、办案常用数据等内容,帮助提高处理法律纠纷的效率。

5. **附赠电子版**。与本分册主题相关、因篇幅所限而未收录的相关文件、"典型案例指引"所涉及的部分重要案例全文,均制作成电子版文件。扫一扫封底"法规编辑部"即可免费获取。

中国法制出版社
2022 年 10 月

《中华人民共和国仲裁法》理解与适用

仲裁是解决经济纠纷的一种重要方式，具有当事人自愿、程序简便、迅速等特点。为了进一步完善仲裁制度，更好地解决当事人的经济纠纷，维护社会经济秩序，发展社会主义市场经济和开展国际经济贸易往来，1994年8月31日，第八届全国人民代表大会常务委员会第九次会议通过了《中华人民共和国仲裁法》，该法共计8章80条，对仲裁范围、仲裁机构、仲裁协议、仲裁程序、仲裁与人民法院的关系等作了规定。2009年8月27日，第十一届全国人民代表大会常务委员会第十次会议通过了《关于修改部分法律的决定》，对《仲裁法》①部分条文进行了修正。2017年9月1日，第十二届全国人民代表大会常务委员会第二十九次会议通过了《关于修改〈中华人民共和国法官法〉等八部法律的决定》，主要对《仲裁法》中对担任仲裁员的条件进行了修改。《仲裁法》主要内容和仲裁实践中的问题主要有：

一、关于仲裁范围

关于仲裁的范围，《仲裁法》依照仲裁的性质，根据以下原则加以规定：第一，发生纠纷的双方应当是属于平等主体的当事人。第二，仲裁的事项，应当是当事人有权处分的。第三，从我国法律有关规定和国际做法看，仲裁范围主要是合同纠纷，也包括一些非合同的经济纠纷。因此，《仲裁法》规定，平等主体的公民、法人和其他组织之间发生的合同纠纷和其他财产权益纠纷，可以仲裁。同时规定，婚姻、收养、监护、扶养、继承纠纷和依法应当由行政机关

---

① 为便于阅读，本"理解与适用"部分以下涉及的法规名称中不含"中华人民共和国"字样。

处理的行政争议，不能仲裁。

由于劳动争议不同于一般民商事纠纷，劳动争议仲裁有自己的特点，因此《仲裁法》规定，劳动争议仲裁另行规定。目前，我国通过《劳动争议调解仲裁法》等专门法律对此加以调整和规范。

二、关于实行或裁或审和一裁终局的制度

仲裁的优点之一是解决纠纷及时，因此国际上一般都实行或裁或审和一裁终局的制度。过去，我国对国内合同纠纷的仲裁，由于仲裁员队伍初建，经验还不足，原经济合同法曾采取一裁两审的制度。后来制定的《著作权法》等法律中，有关仲裁的规定已实行或裁或审和一裁终局的制度。随着我国法律的不断修改完善以及仲裁工作实践经验的积累，按照国际上通行的做法，统一实行或裁或审和一裁终局的制度的条件已经成熟。因此，《仲裁法》规定，当事人达成仲裁协议，一方向人民法院起诉的，人民法院不予受理，但仲裁协议无效的除外；仲裁实行一裁终局的制度，裁决作出后，除本法另有规定外，当事人就同一纠纷再申请仲裁或者向人民法院起诉的，仲裁委员会或者人民法院不予受理。

三、关于自愿原则

自愿是仲裁制度的一个基本原则。实行或裁或审的制度，当事人选择仲裁的，实际上就放弃了向法院诉讼的权利，不能再向法院起诉，如果不采取双方协议仲裁的原则，必然会侵犯另一方当事人的诉讼权利。《民事诉讼法》已强调了仲裁须双方自愿的原则。《仲裁法》根据自愿原则，作了以下规定：第一，当事人采用仲裁方式解决纠纷，应当双方自愿，达成仲裁协议。没有仲裁协议，一方申请仲裁的，仲裁委员会不予受理。第二，向哪个仲裁委员会申请仲裁，应当由当事人协议选定。第三，仲裁员由当事人选定或者委托仲裁委员会主任指定。第四，当事人可以自行和解，达成和解协议的，可以请求仲裁庭根据和解协议作出裁决书，也可以撤回仲裁申请。

四、关于仲裁委员会和仲裁员

关于仲裁委员会，《仲裁法》是根据以下原则规定的：第一，仲裁委员会要和行政机关分开。《仲裁法》规定，仲裁委员会独立于行

政机关，与行政机关没有隶属关系。第二，仲裁委员会应当具备一定的条件。《仲裁法》对需要具备的条件作了具体规定。第三，原则上按地区设立统一的仲裁委员会，在仲裁员名册上按专业划分，便利当事人选择仲裁员。同时，不排除根据实际需要，设立某个方面的仲裁委员会，如现在已有的国际经济贸易仲裁委员会、海事仲裁委员会。第四，仲裁委员会不分级别，不实行级别管辖和地域管辖。

关于仲裁委员会的组成，仲裁法规定，由主任1人、副主任2至4人和委员7至11人组成。仲裁委员会的主任、副主任和委员由法律、经济贸易专家和有实际工作经验的人员担任。

仲裁纠纷，由仲裁员组成仲裁庭进行。为了搞好仲裁，关键需要一支素质良好的仲裁员储备。《仲裁法》对仲裁员的条件作了具体规定，仲裁委员会从符合条件的人员中聘任仲裁员。

五、关于人民法院对仲裁的监督

实行或裁或审的制度，人民法院对仲裁不予干涉，但要进行必要的监督。人民法院对仲裁的监督方式，主要表现在两个方面：一是不予执行，二是撤销裁决。不予执行的程序，民事诉讼法已有规定。规定申请撤销裁决的程序，有利于保护当事人的合法权益，减少仲裁工作中的失误。因此，《仲裁法》对不予执行和申请撤销裁决的程序作了规定。具有什么情形的仲裁裁决，人民法院可以不予执行，《仲裁法》按照《民事诉讼法》的规定加以规范。

为了配合《仲裁法》的实施，国务院陆续公布实施了《重新组建仲裁机构方案》《仲裁委员会登记暂行办法》《仲裁委员会仲裁收费办法》，此外还印发了《仲裁委员会章程示范文本》《仲裁委员会仲裁暂行规则示范文本》供依法组建的仲裁委员会研究采用。最高人民法院公布了《最高人民法院关于适用〈中华人民共和国仲裁法〉若干问题的解释》，对司法实践中确认仲裁协议效力、申请撤销仲裁裁决、申请执行仲裁裁决等案件的法律适用问题进行了解释。

目 录

中华人民共和国仲裁法

第一章 总 则

1	第 一 条	【立法宗旨】
2	第 二 条	【适用范围】
3	第 三 条	【适用范围的例外】
5	第 四 条	【自愿仲裁原则】
6	第 五 条	【或裁或审原则】
9	第 六 条	【仲裁机构的选定】
		［仲裁机构的选定］
		［确认仲裁协议效力案件的管辖］
10	第 七 条	【以事实为根据、符合法律规定、公平合理解决纠纷的原则】
10	第 八 条	【仲裁独立原则】
11	第 九 条	【一裁终局制度】

第二章 仲裁委员会和仲裁协会

12	第 十 条	【仲裁委员会的设立】
13	第十一条	【仲裁委员会的设立条件】
13	第十二条	【仲裁委员会的组成人员】
		［仲裁委员会的组成］

1

		[仲裁委员会的结构]
14	第十三条	【仲裁员的条件】
15	第十四条	【仲裁委员会与行政机关以及仲裁委员会之间的关系】
15	第十五条	【中国仲裁协会】

第三章　仲裁协议

15	第十六条	【仲裁协议的形式和内容】
		[其他书面形式]
		[仲裁事项]
		[仲裁委员会的选定]
16	第十七条	【仲裁协议无效的情形】
17	第十八条	【对内容不明确的仲裁协议的处理】
19	第十九条	【合同变更对仲裁协议效力的影响】
		[合同主体变更对仲裁协议的影响]
		[合同转让对仲裁协议的影响]
		[主合同效力对仲裁协议的影响]
		[其他仲裁条款的引用]
20	第二十条	【对仲裁协议的异议】
		[异议提出的条件]
		[确认仲裁协议效力案件的审理]

第四章　仲裁程序

22	第一节　申请和受理	
22	第二十一条	【申请仲裁的条件】
22	第二十二条	【申请仲裁时应递交的文件】
22	第二十三条	【仲裁申请书的内容】
23	第二十四条	【仲裁申请的受理与不受理】

24	第二十五条	【受理后的准备工作】
24	第二十六条	【仲裁协议的当事人一方向人民法院起诉的处理】
25	第二十七条	【仲裁请求的放弃、变更、承认、反驳以及反请求】
26	第二十八条	【财产保全】
		［财产保全的概念］
		［财产保全的条件和程序］
		［财产保全的范围］
		［财产保全的管辖法院］
27	第二十九条	【仲裁代理】
28	第二节 仲裁庭的组成	
28	第 三 十 条	【仲裁庭的组成】
29	第三十一条	【仲裁员的选任】
		［仲裁庭的人数］
29	第三十二条	【仲裁员的指定】
30	第三十三条	【仲裁庭组成情况的书面通知】
30	第三十四条	【仲裁员须回避的情形】
30	第三十五条	【回避申请的提出】
31	第三十六条	【回避的决定】
31	第三十七条	【仲裁员的重新确定】
32	第三十八条	【仲裁员的除名】
32	第三节 开庭和裁决	
32	第三十九条	【仲裁审理的方式】
32	第 四 十 条	【开庭审理的方式】
33	第四十一条	【开庭日期的通知与延期开庭】
33	第四十二条	【当事人缺席的处理】
34	第四十三条	【证据提供与收集】
34	第四十四条	【专门性问题的鉴定】

35	第四十五条	【证据的出示与质证】
36	第四十六条	【证据保全】
37	第四十七条	【当事人的辩论】
38	第四十八条	【仲裁笔录】
38	第四十九条	【仲裁和解】
39	第 五 十 条	【达成和解协议、撤回仲裁申请后反悔的处理】
39	第五十一条	【仲裁调解】
40	第五十二条	【仲裁调解书】
41	第五十三条	【仲裁裁决的作出】
41	第五十四条	【裁决书的内容】
41	第五十五条	【先行裁决】
42	第五十六条	【裁决书的补正】
42	第五十七条	【裁决书生效】

第五章　申请撤销裁决

42	第五十八条	【申请撤销仲裁裁决的法定情形】
44	第五十九条	【申请撤销仲裁裁决的期限】
44	第 六 十 条	【人民法院对撤销申请的审查与处理】
44	第六十一条	【申请撤销仲裁裁决的后果】
		[重新仲裁的情形]

第六章　执　行

45	第六十二条	【仲裁裁决的执行】
46	第六十三条	【仲裁裁决的不予执行】
48	第六十四条	【仲裁裁决的执行中止、终结与恢复】

第七章　涉外仲裁的特别规定

48	第六十五条	【涉外仲裁的法律适用】

49	第六十六条	【涉外仲裁委员会的设立】
		[中国国际经济贸易仲裁委员会]
		[中国海事仲裁委员会]
50	第六十七条	【涉外仲裁委员会仲裁员的聘任】
50	第六十八条	【涉外仲裁的证据保全】
51	第六十九条	【涉外仲裁的开庭笔录与笔录要点】
51	第 七 十 条	【涉外仲裁裁决的撤销】
		[申请撤销涉外仲裁裁决的情形]
		[申请撤销涉外仲裁裁决的程序]
52	第七十一条	【涉外仲裁裁决的不予执行】
		[裁定不予执行的情形]
		[裁定不予执行的救济途径]
		[裁定不予执行的程序]
53	第七十二条	【涉外仲裁裁决的执行】
54	第七十三条	【涉外仲裁规则】

第八章 附　　则

54	第七十四条	【仲裁时效】
55	第七十五条	【仲裁暂行规则的制定】
55	第七十六条	【仲裁费用】
		[案件受理费]
		[案件处理费]
56	第七十七条	【本法适用的例外】
56	第七十八条	【本法施行前制定的有关仲裁的规定的效力】
57	第七十九条	【本法施行前后仲裁机构的衔接与过渡】
57	第 八 十 条	【施行日期】

实用核心法规

58	中华人民共和国民法典（节录） （2020年5月28日）
93	中华人民共和国刑法（节录） （2020年12月26日）
94	中华人民共和国民事诉讼法（节录） （2021年12月24日）
110	最高人民法院关于适用《中华人民共和国仲裁法》若干问题的解释 （2006年8月23日）
113	中华人民共和国农村土地承包经营纠纷调解仲裁法 （2009年6月27日）
120	最高人民法院关于审理涉及农村土地承包经营纠纷调解仲裁案件适用法律若干问题的解释 （2020年12月29日）
122	重新组建仲裁机构方案 （1995年7月28日）
124	仲裁委员会登记暂行办法 （1995年7月28日）
125	仲裁委员会仲裁收费办法 （1995年7月28日）
127	国务院办公厅关于贯彻实施《中华人民共和国仲裁法》需要明确的几个问题的通知 （1996年6月8日）
128	最高人民法院关于确认仲裁协议效力几个问题的批复 （1998年10月26日）
129	最高人民法院关于人民法院处理与涉外仲裁及外国仲裁事项有关问题的通知 （1995年8月28日）

130	最高人民法院关于人民法院撤销涉外仲裁裁决有关事项的通知	
	（1998年4月23日）	
131	最高人民法院关于当事人对驳回其申请撤销仲裁裁决的裁定不服而申请再审，人民法院不予受理问题的批复	
	（2004年7月26日）	
131	最高人民法院关于仲裁机构"先予仲裁"裁决或者调解书立案、执行等法律适用问题的批复	
	（2018年6月5日）	
132	最高人民法院关于人民法院办理仲裁裁决执行案件若干问题的规定	
	（2018年2月22日）	
137	最高人民法院关于执行我国加入的《承认及执行外国仲裁裁决公约》的通知	
	（1987年4月10日）	
139	最高人民法院关于内地与香港特别行政区相互执行仲裁裁决的安排	
	（2000年1月24日）	
141	最高人民法院关于内地与香港特别行政区相互执行仲裁裁决的补充安排	
	（2020年11月26日）	
142	最高人民法院关于内地与澳门特别行政区相互认可和执行仲裁裁决的安排	
	（2007年12月12日）	
145	最高人民法院关于内地与澳门特别行政区就仲裁程序相互协助保全的安排	
	（2022年2月24日）	
147	最高人民法院关于认可和执行台湾地区仲裁裁决的规定	
	（2015年6月29日）	

150 中国国际经济贸易仲裁委员会仲裁规则
　　（2014年11月4日）
169 中国海事仲裁委员会仲裁规则
　　（2021年9月13日）

实用附录

189 仲裁申请书
190 仲裁答辩书
191 仲裁反请求申请书
192 仲裁和解协议

中华人民共和国仲裁法

（1994年8月31日第八届全国人民代表大会常务委员会第九次会议通过　根据2009年8月27日第十一届全国人民代表大会常务委员会第十次会议《关于修改部分法律的决定》第一次修正　根据2017年9月1日第十二届全国人民代表大会常务委员会第二十九次会议《关于修改〈中华人民共和国法官法〉等八部法律的决定》第二次修正）

第一章　总　　则

第一条　**立法宗旨**[*]

为保证公正、及时地仲裁经济纠纷，保护当事人的合法权益，保障社会主义市场经济健康发展，制定本法。

▶ 理解与适用

仲裁，是指双方当事人在争议发生前或争议发生后达成协议，将争议的事项提交依法设立的仲裁机构进行审理，并由其作出具有约束力的裁决，双方当事人对此有义务执行的一种解决争议的方法。

目前，我国解决民事纠纷的途径主要有协商、调解、仲裁和诉讼等，其中仲裁在民商事领域是一种非常重要的和广泛采用的纠纷解决方式。

实践中，仲裁与诉讼相比具有以下特点：

（1）仲裁具有自愿性。当事人之间的纠纷产生后，是否将其提交仲裁、交给谁仲裁、仲裁庭的组成人员如何产生、仲裁适用何种程序规则和哪个实体法，都是在当事人自愿的基础上，由当事人协商确定的，因此，仲裁能充分体现当事人意思自治的原则。通过仲裁来解决争议必须出于当事人自愿。

---

[*] 条文主旨为编者所加。

（2）仲裁具有专业性。由于仲裁的对象大多是民商事纠纷，纠纷的内容涉及专业性极强的经济贸易和技术性问题，于是常常涉及复杂的法律、经济贸易和技术性问题。所以，各仲裁机构都备有一定数量的仲裁员名册，仲裁员一般都是由专业、公正且有权威的人士担任，供当事人选择，这样就能够保证仲裁案件得到公正合理的裁决，从而维护当事人的正当权益。

（3）仲裁具有灵活性。仲裁在程序上不像诉讼那么严格，基于自愿原则，当事人可以选择仲裁庭的组成形式、开庭的方式，以及仲裁规则等。因此，仲裁程序在很多环节上可以简化，文书格式和裁决书的内容、形式也可以灵活处理。此外，在管辖上，不实行地域管辖和级别管辖。仲裁在办案时限、法律适用和代理制度方面也存在很大的弹性和灵活性。

（4）仲裁具有保密性。各国或地区有关的仲裁法律和仲裁规则都规定了仲裁员及仲裁书记人员的保密义务。此外，仲裁是以不公开审理为原则，以公开审理为例外，当事人的商业秘密等不会因仲裁而泄密，仲裁表现出极强的保密性。

（5）仲裁具有效率性。仲裁实行一裁终局的制度，而不像诉讼那样实行两审终审制，能使当事人的纠纷得以迅速解决。因此，可以说它比诉讼等方式更具有效率性。

（6）仲裁具有独立性。仲裁不实行级别管辖，各仲裁机构间也没有隶属关系，因此仲裁得以独立进行，不受任何机关、社会团体和个人的干涉。另外，这种独立性表现为仲裁庭的独立，即在机构仲裁下，仲裁庭审理案件的时候，也不受仲裁机构的干涉，显示出最大的独立性。

以上特点，正是仲裁的优势所在，也是仲裁对当事人采取仲裁方式解决纠纷具有巨大吸引力的关键所在。

第二条 适用范围

平等主体的公民、法人和其他组织之间发生的合同纠纷和其他财产权益纠纷，可以仲裁。

▶理解与适用

（1）争议的可仲裁性。本条与本法第3条、第77条结合构成仲裁适用范围的问题，亦即争议的可仲裁性问题。

（2）可仲裁之争议的条件。可提交仲裁的纠纷应符合以下三个条件：①主体的平等性，即发生纠纷的双方当事人应当是平等的公民、法人和其他组织；②仲裁事项的可处分性，即仲裁的争议事项是当事人依法享有处分权的；③仲裁事项的限定性。

（3）《仲裁法》[1] 所称仲裁仅适用于民商事领域。实践中提交仲裁的纠纷仅限于民商事纠纷，包括合同纠纷和涉及其他财产权益的非合同纠纷。其中，合同纠纷，具体包括一般民商事合同纠纷，技术合同纠纷，著作权合同纠纷，房地产合同纠纷，涉外民商事合同纠纷，海事、海商合同纠纷，其他民商事合同纠纷。根据《最高人民法院关于适用〈中华人民共和国仲裁法〉若干问题的解释》第2条的规定，当事人概括约定仲裁事项为合同争议的，基于合同成立、效力、变更、转让、履行、违约责任、解释、解除等产生的纠纷都可以认定为仲裁事项。其他财产权益纠纷，主要是指侵权纠纷。这类纠纷在海事、房地产、产品质量、知识产权领域较为多见。

▶ **典型案例指引**

某省物资集团轻工纺织总公司诉（香港）某集团有限公司、（加拿大）某发展有限公司侵权损害赔偿纠纷上诉案（《最高人民法院公报》1998年第3期）

案件适用要点： 本案争议的焦点在于仲裁机构是否有权对当事人之间的侵权纠纷作出裁决。根据《仲裁法》和《中国国际经济贸易仲裁委员会仲裁规则》的规定，中国国际经济贸易仲裁委员会有权受理侵权纠纷，本案各方当事人均应受合同中订立的仲裁条款的约束，所发生的纠纷应通过仲裁解决，人民法院无管辖权。

第三条 适用范围的例外

下列纠纷不能仲裁：
（一）婚姻、收养、监护、扶养、继承纠纷；
（二）依法应当由行政机关处理的行政争议。

---

[1] 为便于阅读，本书"理解与适用""条文参见""典型案例指引"部分涉及的法规名称中不含"中华人民共和国"字样。

▶理解与适用

本条是关于仲裁范围的排除规定。综合其他法律规定，不能仲裁的纠纷有：

（1）婚姻、收养、监护、扶养、继承纠纷。这类纠纷虽然属于民事纠纷，但都是建立在身份关系的基础上，当事人往往不能自由处分这方面的权利，故依法不适用仲裁。

（2）依法应当由行政机关处理的行政争议。此类情况涉及国家行政机关之间，行政机关与其他国家机关、企事业单位、社会团体以及公民之间因行政管理而引起的争议，争议事项涉及国家行政权，当事人无权自由处分，故依法不适用仲裁。

（3）劳动争议和农业集体经济组织内部的农业承包合同纠纷。结合本法第77条的规定，对于劳动争议和农业集体经济组织内部的农业承包合同纠纷的仲裁，不适用本法规定，而应适用《劳动争议调解仲裁法》《农村土地承包经营纠纷调解仲裁法》等相关法律的规定。

（4）人事争议纠纷的仲裁。用人单位与劳动者发生的下列劳动争议，适用《劳动争议调解仲裁法》：①因确认劳动关系发生的争议；②因订立、履行、变更、解除和终止劳动合同发生的争议；③因除名、辞退和辞职、离职发生的争议；④因工作时间、休息休假、社会保险、福利、培训以及劳动保护发生的争议；⑤因劳动报酬、工伤医疗费、经济补偿或者赔偿金等发生的争议；⑥法律、法规规定的其他劳动争议。聘任制公务员与所在机关之间因履行聘任合同发生争议的，可以自争议发生之日起60日内申请仲裁。省级以上公务员主管部门根据需要设立人事争议仲裁委员会，受理仲裁申请。人事争议仲裁委员会由公务员主管部门的代表、聘用机关的代表、聘任制公务员的代表以及法律专家组成。

▶条文参见

《仲裁法》第77条；《劳动争议调解仲裁法》；《农村土地承包经营纠纷调解仲裁法》；《劳动法》；《公务员法》；《人事争议处理规定》；《最高人民法院关于人民法院审理事业单位人事争议案件若干问题的规定》

第四条　自愿仲裁原则

> 当事人采用仲裁方式解决纠纷，应当双方自愿，达成仲裁协议。没有仲裁协议，一方申请仲裁的，仲裁委员会不予受理。

▶理解与适用

协议仲裁制度，是指当事人向仲裁机构申请仲裁，必须以当事人双方达成的仲裁协议为依据，没有仲裁协议，仲裁机构不予受理的制度。仲裁协议是协议仲裁制度的核心。本法第4条至第6条规定了协议仲裁制度。

仲裁协议，是指双方当事人之间达成的将他们之间已经发生或将来可能发生的实体权利义务争议，提请仲裁机构仲裁解决的书面意思表示，也是授予仲裁机构对仲裁案件的仲裁权，并排除法院司法管辖权的法律依据。如果没有这种表示双方共同意愿的仲裁协议，仅凭当事人单方面的意愿是无法将争议提交仲裁的。

当事人双方不仅要在仲裁协议中明确记载将特定争议提交仲裁解决的共同意思表示，还要协商选择特定的仲裁机构。如果没有体现双方当事人共同授权的要求特定仲裁机构解决纠纷的仲裁协议，任何仲裁机构都无权受理任何一方仅凭自己单方面的意愿提交仲裁的纠纷案件。

▶条文参见

《仲裁法》第16-20条、第26条；《最高人民法院关于适用〈中华人民共和国仲裁法〉若干问题的解释》第3-6条

▶典型案例指引

1. 湖南某建筑有限责任公司与常德某学校不服执行裁定申诉案（《最高人民法院公报》2016年第8期）

案件适用要点：1. 当事人自愿达成合法有效协议或仲裁条款选定仲裁机构解决其争议纠纷，是采用仲裁方式解决争议纠纷的前提。如果当事人没有约定其争议纠纷由仲裁机构解决，在通常情况下，仲裁机构无权对该争议纠纷予以仲裁。

2. 当事人在主合同中约定其争议纠纷由仲裁机构解决，对于没有约定争议纠纷解决方式的补充协议可否适用该约定，其关键在于

主合同与补充协议之间是否具有可分性。如果主合同与补充协议之间相互独立且可分，在没有特别约定的情况下，对于两个完全独立且可分的合同或协议，其争议解决方式应按合同或补充协议约定处理。如果补充协议是对主合同内容的补充，必须依附于主合同而不能独立存在，则主合同所约定的争议解决条款也适用于补充协议。

2. A置业有限公司、B担保有限责任公司、C金属材料有限公司、D黑色金属材料有限公司、徐某某与E百货总公司、F集团公司资产转让合同纠纷案（《最高人民法院公报》2007年第2期）

案件适用要点：A公司、B担保公司、C金属公司、D黑色金属公司、徐某某依《转让协议》向原审法院提起诉讼，因该转让协议没有约定仲裁条款，也没有接受另两份合同中仲裁管辖的内容，且A公司、B担保公司、C金属公司、D黑色金属公司、徐某某五方当事人明确表示不接受仲裁管辖。根据《仲裁法》的相关规定，当事人采用仲裁方式解决纠纷，应当自愿达成仲裁协议，没有仲裁协议，一方申请仲裁的，仲裁委员会不予受理。由此可见，当事人约定仲裁管辖必须有明确的意思表示并签订仲裁协议，仲裁条款也仅在达成仲裁协议的当事人之间产生法律效力，不能约束合同之外的人。因此，对于A公司、B担保公司、C金属公司、D黑色金属公司、徐某某五方当事人依《转让协议》向人民法院提起的诉讼，人民法院具有管辖权。

第五条　或裁或审原则

当事人达成仲裁协议，一方向人民法院起诉的，人民法院不予受理，但仲裁协议无效的除外。

▶ **理解与适用**

或裁或审原则，是指争议发生之前或之后，当事人有权选择解决争议的途径，或者双方达成仲裁协议，将争议提交仲裁解决，或者向人民法院提起诉讼，通过诉讼途径解决争议。

仲裁协议对法院的效力表现在两个方面：第一，排除人民法院对有仲裁协议的争议案件的管辖权。当事人达成仲裁协议，一方向人民法院起诉的，人民法院不予受理，但仲裁协议无效的除外。当事人达成仲裁协议，一方向人民法院起诉未声明有仲裁协议，人民法院受理后，另一方在首次开庭前提交仲裁协议的，人民法院应当驳回起诉。第二，对仲裁机构基于有效仲裁协议所作出的有效裁决，法院负有执行职责。

在适用或裁或审原则时，需要注意以下几个方面：

（1）当事人达成仲裁协议的，应当向仲裁机构申请仲裁，不能向人民法院起诉。仲裁是由当事人自愿选择解决其争议的方式，既然是自愿选择的，就应当自觉接受其约束。如果双方已达成仲裁协议后，当事人单方反悔，企图通过向人民法院起诉解决纠纷的，将不产生相应的法律后果。

（2）人民法院应当尊重当事人选择解决争议方式的初衷，不受理有仲裁协议的起诉。根据意思自治原则，对于当事人达成仲裁协议的纠纷，当事人共同的仲裁意愿已排除了法院对该争议的主管和管辖权。法院对于存有仲裁协议的起诉，应当不予受理。

（3）对于没有仲裁协议的争议案件，当事人既可以于争议发生后签订仲裁协议而选择仲裁解决，也可以直接向人民法院提起诉讼。

（4）在下列特殊情况下，人民法院对已有仲裁协议的争议案件拥有管辖权。包括：①仲裁条款、仲裁协议无效或者失效或者内容不明确无法执行的。②当事人在仲裁条款或仲裁协议中选择的仲裁机构不存在或者选择裁决的事项超越仲裁机构权限的。③一方向人民法院起诉未声明有仲裁协议，人民法院受理后，另一方在首次开庭前提交仲裁协议的，人民法院应当驳回起诉，但仲裁协议无效的除外；另一方在首次开庭前未对人民法院受理该案提出异议的，视为放弃仲裁协议，人民法院应当继续审理。

根据《仲裁法》的规定，人民法院可对以下问题作出民事裁定：一是根据《仲裁法》第20条的规定，裁定当事人达成的仲裁协议效力问题；二是根据《仲裁法》第28条的规定，作出有关财产保全的裁定；三是根据《仲裁法》第58条、第60条的规定，作出是否撤销仲裁裁决的裁定；四是根据《仲裁法》第63条、第64条的规定，作出有关仲裁裁决执行问题的裁定；五是根据《仲裁法》第七章的规定，作出有关证据保全、撤销涉外仲裁裁决、不予执行涉外仲裁裁决等裁定。这些裁定生效后，《仲裁法》和《民事诉讼法》都没有规定检察院可以向法院提出抗诉，除有关仲裁协议效力的裁定外，对其他四种裁定是否可以抗诉，法释〔2000〕46号、法释〔2000〕17号司法解释以及1998年8月5日实施的《关于人民法院发现本院作出的诉前保全裁定和在执行程序中作出的裁定确有错误以及人民检察院对人民法院作出的诉前保全裁定提出抗诉人民法院应当如何处理的批复》等司法解释作了明确的回答。根据上述解释和本批复，可以得出结论：法院依法作出的有关仲裁协议效力的裁定，检察院也不可提出抗诉。

有人提出，如果法院作出的驳回撤销仲裁裁决申请的民事裁定确有错误，如何处理。该批复没有回答这一问题。因为：（1）民事裁定确有错误，人民法院应当依法纠正，但本批复只解决检察院对驳回撤销仲裁裁决申请的民事裁定的抗诉是否有法律依据的问题。（2）如果驳回撤销仲裁裁决申请的民事裁定确有错误，人民法院应当依据实事求是的原则依法纠正。人民法院可以根据《民事诉讼法》第205条的规定启动审判监督程序，对确有错误的裁定予以再审。实际上，某一民事裁决是否确有错误必须经过再审才能确定，在再审之前，只是推定该裁判有错误。①

▶条文参见

《仲裁法》第16-20条、第26条；《民事诉讼法》第127条；《最高人民法院关于适用〈中华人民共和国仲裁法〉若干问题的解释》第3-7条

▶典型案例指引

A公司与B公司商品房买卖合同纠纷管辖权异议案（《最高人民法院公报》2006年第6期）

案件适用要点：本案双方当事人未明确仲裁机构。《仲裁法》对当事人约定选择仲裁机关有明确的法律规定，"仲裁协议对仲裁事项或者仲裁委员会没有约定或者约定不明确的，当事人可以补充协议；达不成补充协议的，仲裁协议无效"。《最高人民法院关于确认仲裁协议效力几个问题的批复》第1条规定："在《中华人民共和国仲裁法》实施后重新组建仲裁机构前，当事人达成的仲裁协议只约定了仲裁地点，未约定仲裁机构的，双方当事人在补充协议中选定了在该地点依法重新组建的仲裁机构的，仲裁协议有效；双方当事人达

---

① 最高人民法院研究室编：《民事司法解释理解与适用》，法律出版社2009年版，第765~767页。

不成补充协议的，仲裁协议无效。"本案双方当事人对选择仲裁机构的问题发生了争议，并没有重新达成补充协议，未对在该地点依法重新组建的仲裁机构予以选定。因此，两份《补充协议》中约定有关仲裁事项的条款均为无效条款。该民事纠纷属于人民法院受案范围，B公司向人民法院提起诉讼，由人民法院主管并无不当。

第六条 仲裁机构的选定

> 仲裁委员会应当由当事人协议选定。
> 仲裁不实行级别管辖和地域管辖。

▶理解与适用

[仲裁机构的选定]

当事人协议中约定的仲裁机构名称不准确，但能够确定具体的仲裁机构的，应当认定选定了仲裁机构。仲裁协议约定两个以上仲裁机构的，当事人可以协议选择其中的一个仲裁机构申请仲裁；当事人不能就仲裁机构选择达成一致的，仲裁协议无效。仲裁协议约定由某地的仲裁机构仲裁且该地仅有一个仲裁机构的，该仲裁机构视为约定的仲裁机构。该地有两个以上仲裁机构的，当事人可以协议选择其中的一个仲裁机构申请仲裁；当事人不能就仲裁机构选择达成一致的，仲裁协议无效。

[确认仲裁协议效力案件的管辖]

当事人向人民法院申请确认仲裁协议效力的案件，由仲裁协议约定的仲裁机构所在地的中级人民法院管辖；仲裁协议约定的仲裁机构不明确的，由仲裁协议签订地或者被申请人住所地的中级人民法院管辖。申请确认涉外仲裁协议效力的案件，由仲裁协议约定的仲裁机构所在地、仲裁协议签订地、申请人或者被申请人住所地的中级人民法院管辖。涉及海事海商纠纷仲裁协议效力的案件，由仲裁协议约定的仲裁机构所在地、仲裁协议签订地、申请人或者被申请人住所地的海事法院管辖；上述地点没有海事法院的，由就近的海事法院管辖。

▶条文参见

《仲裁法》第10条、第18条；《最高人民法院关于适用〈中华人民共和国仲裁法〉若干问题的解释》第3-6条、第12条

第七条　以事实为根据、符合法律规定、公平合理解决纠纷的原则

仲裁应当根据事实，符合法律规定，公平合理地解决纠纷。

▶理解与适用

以事实为根据，以法律为准绳，是仲裁法所确立的基本原则。仲裁法对这一基本原则的规定，在其后有关仲裁开庭和裁决程序的规定中，均得到了充分的体现。例如，有关证据的提供与收集、对专门性问题的鉴定、证据的质证、证据保全、当事人的辩论、当事人陈述最后意见等方面的规定，都是这一基本原则的具体化。

公平合理仲裁原则，是指仲裁庭在仲裁活动中必须保持中立，平等对待双方当事人，依据事实公平合理地作出裁决。为了保证仲裁能够公正地进行，仲裁法规定了较为完善的回避制度。同时，《仲裁法》对仲裁员的职业道德也提出了严格的要求，如严格保守仲裁事项所涉及的商业秘密，不得私自会见当事人、代理人或者接受当事人、代理人的请客送礼等，目的是避免仲裁中不公正现象的发生，从而维护仲裁员的公正形象。在理解本条时，应当注意以下两点：一是仲裁庭对待双方当事人应一律平等，即在仲裁中无论仲裁员是由哪一方当事人选定的，他都不代表任何一方当事人的利益，而是应当平等地保护当事人的利益，为各方当事人平等地行使权利提供同等的手段和机会。二是仲裁庭应公平合理地作出裁决，即仲裁庭应在查清案件事实的基础上，正确适用法律，公平合理地确定当事人之间的权利、义务关系，以解决纠纷。

第八条　仲裁独立原则

仲裁依法独立进行，不受行政机关、社会团体和个人的干涉。

▶理解与适用

仲裁独立原则，是指仲裁机构在设置上，不依附于任何机关、团体，在审理仲裁案件时，依法独立进行审理、裁决，不受任何机关、团体和个人的干涉。理解仲裁独立原则应注意把握以下几个方面：（1）仲裁独立于行政机关；（2）仲裁组织体系中仲裁协会、仲

裁委员会和仲裁庭三者之间相互独立；（3）仲裁不受任何社会团体和个人干涉。

第九条 一裁终局制度

> 仲裁实行一裁终局的制度。裁决作出后，当事人就同一纠纷再申请仲裁或者向人民法院起诉的，仲裁委员会或者人民法院不予受理。
>
> 裁决被人民法院依法裁定撤销或者不予执行的，当事人就该纠纷可以根据双方重新达成的仲裁协议申请仲裁，也可以向人民法院起诉。

▶ **理解与适用**

本条规定了仲裁的一裁终局制度。一裁终局，是指仲裁机构受理并经仲裁庭审理的纠纷，一经仲裁庭解决，该裁决即发生终局的法律效力，当事人不能就同一纠纷向人民法院起诉，也不能向其他仲裁机构再申请仲裁。当事人对人民法院驳回其申请撤销仲裁裁决的裁定不服而申请再审的，人民法院不予受理。

▶ **条文参见**

《最高人民法院关于当事人对驳回其申请撤销仲裁裁决的裁定不服而申请再审，人民法院不予受理问题的批复》

▶ **典型案例指引**

1. A上海有限公司与济南B机车车辆物流有限公司、C山东机车车辆有限公司申请执行人执行异议之诉案（《最高人民法院公报》2021年第11期）

案件适用要点：生效仲裁裁决或人民法院判决已经驳回当事人的部分请求，当事人在执行过程中又以相同的请求和理由提出执行异议之诉的，属于重复诉讼，应当裁定驳回起诉。

2. A公司诉B公司服务合同纠纷管辖权异议案（《最高人民法院公报》2021年第11期）

案件适用要点：当事人虽就同一争议约定仲裁和诉讼两种争议解决方式，但协议明确约定，或者协议内容表明应首先适用仲裁方式、其次适用诉讼方式的，属于"先裁后审"协议。在涉外民事案件中，应准确认定"先裁后审"协议效力适用的法律。先仲裁条款依据其应当适用的法律认定为合法有效的，鉴于后诉讼条款因违反法院地，即我国的仲裁一裁终局法律制度而无效，后诉讼条款无效不影响先仲裁条款效力，故应认定涉外"先裁后审"协议中仲裁条款有效、诉讼条款无效。

第二章 仲裁委员会和仲裁协会

第十条 仲裁委员会的设立

> 仲裁委员会可以在直辖市和省、自治区人民政府所在地的市设立，也可以根据需要在其他设区的市设立，不按行政区划层层设立。
> 仲裁委员会由前款规定的市的人民政府组织有关部门和商会统一组建。
> 设立仲裁委员会，应当经省、自治区、直辖市的司法行政部门登记。

▶理解与适用

仲裁委员会的登记机关是省、自治区、直辖市的司法行政部门。仲裁委员会可以在直辖市和省、自治区人民政府所在地的市设立，也可以根据需要在其他设区的市设立，不按行政区划层层设立。设立仲裁委员会，应当向登记机关办理设立登记；未经设立登记的，仲裁裁决不具有法律效力。

依法可以设立仲裁委员会的市只能组建一个统一的仲裁委员会，不得按照不同专业设立专业仲裁委员会或者专业仲裁庭。新组建的仲裁委员会的名称应当规范，一律在仲裁委员会之前冠以仲裁委员会所在市的地名（地名＋仲裁委员会），如北京仲裁委员会、广州仲裁委员会、深圳仲裁委员会等。

▶条文参见

《仲裁委员会登记暂行办法》第2条、第3条；《重新组建仲裁机构方案》二

第十一条　仲裁委员会的设立条件

仲裁委员会应当具备下列条件:
(一) 有自己的名称、住所和章程;
(二) 有必要的财产;
(三) 有该委员会的组成人员;
(四) 有聘任的仲裁员。
仲裁委员会的章程应当依照本法制定。

▶条文参见

《仲裁委员会登记暂行办法》第3条、第4条

第十二条　仲裁委员会的组成人员

仲裁委员会由主任一人、副主任二至四人和委员七至十一人组成。

仲裁委员会的主任、副主任和委员由法律、经济贸易专家和有实际工作经验的人员担任。仲裁委员会的组成人员中,法律、经济贸易专家不得少于三分之二。

▶理解与适用

[仲裁委员会的组成]

仲裁委员会由主任1人、副主任2至4人和委员7至11人组成。其中,驻会专职组成人员1至2人,其他组成人员均为兼职。仲裁委员会的组成人员由院校、科研机构、国家机关等方面的专家和有实际工作经验的人员担任。仲裁委员会的组成人员可以是仲裁员,也可以不是仲裁员。第一届仲裁委员会的组成人员,由司法、住房和城乡建设等部门和贸促会、工商联等组织协商推荐,由市人民政府聘任。仲裁委员会设秘书长1人。秘书长可以由驻会专职组成人员兼任。

[仲裁委员会的结构]

仲裁委员会下设办事机构,负责办理仲裁案件受理、仲裁文书送达、档案管理、仲裁费用的收取与管理等事务。办事机构日常工

作由仲裁委员会秘书长负责。办事机构的设置和人员配备应当遵循精简、高效的原则。仲裁委员会设立初期，办事机构不宜配备过多的工作人员。以后随着仲裁工作量的增加，人员也可以适当增加。办事机构工作人员应当具备良好的思想品质、业务素质，择优聘用。

▶条文参见

《重新组建仲裁机构方案》二

第十三条　仲裁员的条件

仲裁委员会应当从公道正派的人员中聘任仲裁员。

仲裁员应当符合下列条件之一：

（一）通过国家统一法律职业资格考试取得法律职业资格，从事仲裁工作满八年的；

（二）从事律师工作满八年的；

（三）曾任法官满八年的；

（四）从事法律研究、教学工作并具有高级职称的；

（五）具有法律知识、从事经济贸易等专业工作并具有高级职称或者具有同等专业水平的。

仲裁委员会按照不同专业设仲裁员名册。

▶理解与适用

仲裁委员会不设专职仲裁员。仲裁员由依法组建的仲裁委员会聘任。仲裁委员会应当主要在本省、自治区、直辖市范围内符合《仲裁法》第13条规定的人员中聘任仲裁员。国家公务员及参照实行国家公务员制度的机关工作人员符合《仲裁法》第13条规定的条件，并经所在单位同意，可以受聘为仲裁员，但是不得因从事仲裁工作影响本职工作。法官不得担任仲裁员。仲裁委员会要按照不同专业设置仲裁员名册。仲裁员办理仲裁案件，由仲裁委员会依照仲裁规则的规定给付报酬。仲裁员没有办理仲裁案件的，不能取得报酬或者其他费用。

▶条文参见

《重新组建仲裁机构方案》三；《最高人民法院关于现职法官不得担任仲裁员的通知》

第十四条　仲裁委员会与行政机关以及仲裁委员会之间的关系

仲裁委员会独立于行政机关,与行政机关没有隶属关系。仲裁委员会之间也没有隶属关系。

第十五条　中国仲裁协会

中国仲裁协会是社会团体法人。仲裁委员会是中国仲裁协会的会员。中国仲裁协会的章程由全国会员大会制定。

中国仲裁协会是仲裁委员会的自律性组织,根据章程对仲裁委员会及其组成人员、仲裁员的违纪行为进行监督。

中国仲裁协会依照本法和民事诉讼法的有关规定制定仲裁规则。

▶理解与适用

仲裁规则的主要内容包括:仲裁管辖,仲裁组织,仲裁申请和答辩、反请求程序,仲裁庭组成程序,审理程序,裁决程序,以及在相应程序中仲裁委员会、仲裁员和纠纷当事人的权利义务,等等。另外,还有关于使用语言、翻译、文书往来送达、仲裁费用的收取等方面的内容。

第三章　仲裁协议

第十六条　仲裁协议的形式和内容

仲裁协议包括合同中订立的仲裁条款和以其他书面方式在纠纷发生前或者纠纷发生后达成的请求仲裁的协议。

仲裁协议应当具有下列内容:
(一)请求仲裁的意思表示;
(二)仲裁事项;
(三)选定的仲裁委员会。

▶理解与适用

[其他书面形式]

"其他书面形式"的仲裁协议,包括以合同书、信件和数据电文

（包括电报、电传、传真、电子数据交换和电子邮件）等形式达成的请求仲裁的协议。

［仲裁事项］

平等主体的公民、法人和其他组织之间发生的合同纠纷和其他财产权益纠纷，可以仲裁。当事人概括约定仲裁事项为合同争议的，基于合同成立、效力、变更、转让、履行、违约责任、解释、解除等产生的纠纷都可以认定为仲裁事项。婚姻、收养、监护、扶养、继承纠纷和依法应当由行政机关处理的行政争议不能仲裁。

［仲裁委员会的选定］

当事人应当协议选定仲裁委员会。仲裁协议约定的仲裁机构名称不准确，但能够确定具体的仲裁机构的，应当认定选定了仲裁机构。仲裁协议仅约定纠纷适用的仲裁规则的，视为未约定仲裁机构，但当事人达成补充协议或者按照约定的仲裁规则能够确定仲裁机构的除外。仲裁协议约定两个以上仲裁机构的，当事人可以协议选择其中的一个仲裁机构申请仲裁；当事人不能就仲裁机构选择达成一致的，仲裁协议无效。仲裁协议约定由某地的仲裁机构仲裁且该地仅有一个仲裁机构的，该仲裁机构视为约定的仲裁机构。该地有两个以上仲裁机构的，当事人可以协议选择其中的一个仲裁机构申请仲裁；当事人不能就仲裁机构选择达成一致的，仲裁协议无效。

▶条文参见

《仲裁法》第2条、第3条、第6条；《最高人民法院关于适用〈中华人民共和国仲裁法〉若干问题的解释》第1-6条

第十七条　仲裁协议无效的情形

有下列情形之一的，仲裁协议无效：

（一）约定的仲裁事项超出法律规定的仲裁范围的；

（二）无民事行为能力人或者限制民事行为能力人订立的仲裁协议；

（三）一方采取胁迫手段，迫使对方订立仲裁协议的。

▶理解与适用

民事行为能力，是指民事主体能够以自己的行为取得民事权利、

承担民事义务的资格。

自然人的民事行为能力。《民法典》将自然人的民事行为能力按照其年龄、智力和精神健康状况分为完全民事行为能力、限制民事行为能力和无民事行为能力三类。十八周岁以上的成年人为完全民事行为能力人，可以独立实施民事法律行为。十六周岁以上不满十八周岁的未成年人，以自己的劳动收入为主要生活来源的，视为完全民事行为能力人。

八周岁以上的未成年人和不能完全辨认自己行为的成年人为限制民事行为能力人，实施民事法律行为由其法定代理人或者经其法定代理人同意、追认，但是可以独立实施纯获利益的民事法律行为或者与其年龄、智力、精神健康状况相适应的民事法律行为。

未满八周岁的未成年人、不能辨认自己行为的八周岁以上的自然人为无民事行为能力人，由其法定代理人代理实施民事法律行为。

▶条文参见

《民法典》第17－24条、第147－151条

第十八条　对内容不明确的仲裁协议的处理

仲裁协议对仲裁事项或者仲裁委员会没有约定或者约定不明确的，当事人可以补充协议；达不成补充协议的，仲裁协议无效。

▶理解与适用

本条规定的是可以补救的无效仲裁协议，这类仲裁协议是指不具备成立的特别要件而无法履行的仲裁协议。

与不可补救的无效仲裁协议不同，这类仲裁协议双方有仲裁的意愿，只是内容有所欠缺，这种意愿也应当受到尊重而不能轻易否定，尊重的具体表现就是允许当事人补救。协议没有约定仲裁事项或仲裁委员会，只是欠缺履行性，并未构成实质性违法，而且，诸如"仲裁什么"和"在什么地方仲裁"等事项都是法律允许当事人自由约定的。因此，法律允许当事人补救。当事人约定争议可以向仲裁机构申请仲裁也可以向人民法院起诉的，仲裁协议无效。但一方向仲裁机构申请仲裁，另一方未在规定期间内提出异议的除外。

▶条文参见

《最高人民法院关于适用〈中华人民共和国仲裁法〉若干问题的解释》第3-7条

▶典型案例指引

1. A集团有限公司与B集团发展有限公司等合同纠纷案（《最高人民法院公报》2022年第2期）

案件适用要点： 当事人在合同中约定，双方发生与合同有关的争议，既可以向人民法院起诉，也可以向仲裁机构申请仲裁的，当事人关于仲裁的约定无效。但发生纠纷后，一方当事人向仲裁机构申请仲裁，另一方未提出异议并实际参加仲裁的，应视为双方就通过仲裁方式解决争议达成了合意。其后双方就同一合同有关争议又向人民法院起诉的，人民法院不予受理；已经受理的，应裁定驳回起诉。

2. A集团有限公司、北京B有限责任公司与C投资发展有限公司、D科技发展有限公司借款担保合同纠纷案（《最高人民法院公报》2008年第1期）

案件适用要点： 《最高人民法院关于适用〈中华人民共和国仲裁法〉若干问题的解释》第16条中规定，对涉外仲裁协议的效力审查，适用当事人约定的法律。由此可以看出，当事人对确定仲裁条款效力的准据法是可以在合同中约定的，但这种约定必须是明确约定，合同中约定的适用于解决合同争议的准据法，不能用来判定涉外仲裁条款的效力。也就是说对仲裁条款效力适用的准据法要与解决争议适用的准据法相区别。本案中，在仲裁条款项下约定"本协议适用中华人民共和国香港特别行政区法律"，是对仲裁条款效力适用的准据法还是适用于解决合同争议的准据法容易产生歧义，不能视为明确约定了仲裁条款效力的准据法。因《可转换债发行协议》中没有约定仲裁地，故应适用法院地法即我国内地法律来认定该仲裁条款效力。《仲裁法》第18条规定："仲裁协议对仲裁事项或者仲裁委员会没有约定或者约定不明确的，当事人可以补充协议；达不成补充协议的，仲裁协议无效。"本案中的仲裁条款尽管明确了发生争议要通过仲裁解决的意思表示，但没约定仲裁机构，各方当事人也没有对仲裁机构达成补充协议，故该仲裁条款应属无效。

3. A公司与B公司商品房买卖合同纠纷管辖权异议案(《最高人民法院公报》2006年第6期)

案件适用要点：根据本条规定，仲裁协议对仲裁事项或者仲裁委员会没有约定或者约定不明确的，当事人可以补充协议；达不成补充协议的，仲裁协议无效。根据《最高人民法院关于确认仲裁协议效力几个问题的批复》第1条的规定，在仲裁法实施后重新组建仲裁机构前，当事人达成的仲裁协议只约定了仲裁地点，未约定仲裁机构的，双方当事人在补充协议中选定了在该地点依法重新组建的仲裁机构的，仲裁协议有效；双方当事人达不成补充协议的，仲裁协议无效。依照上述规定认定仲裁协议无效的，当事人向有管辖权的人民法院提起诉讼，人民法院应当受理。

4. 韩国A公司与四川省B经贸总公司等信用证欺诈纠纷管辖权异议案(《最高人民法院公报》2001年第3期)

案件适用要点：根据《最高人民法院关于适用〈中华人民共和国民事诉讼法〉的解释》第215条的规定，当事人在书面合同中订有仲裁条款，或者在发生纠纷后达成书面仲裁协议，一方向人民法院起诉的，人民法院裁定不予受理，告知原告向仲裁机构申请仲裁。但仲裁条款、仲裁协议无效、失效或者内容不明确无法执行的除外。故而在仲裁条款没有约定仲裁的方式和机构属内容不明确无法执行的情况下，人民法院对当事人的起诉应予受理。

第十九条　合同变更对仲裁协议效力的影响

> 仲裁协议独立存在，合同的变更、解除、终止或者无效，不影响仲裁协议的效力。
>
> 仲裁庭有权确认合同的效力。

▶ 理解与适用

[合同主体变更对仲裁协议的影响]

除当事人订立仲裁协议时另有约定的外，当事人订立仲裁协议后合并、分立的，仲裁协议对其权利义务的继受人有效；当事人订立仲裁协议后死亡的，仲裁协议对承继其仲裁事项中的权利义务的继承人有效。

［合同转让对仲裁协议的影响］

债权债务全部或者部分转让的，仲裁协议对受让人有效，但当事人另有约定、在受让债权债务时受让人明确反对或者不知有单独仲裁协议的除外。

［主合同效力对仲裁协议的影响］

合同成立后未生效或者被撤销的，仲裁协议效力的认定适用《仲裁法》第19条第1款的规定。当事人在订立合同时就争议达成仲裁协议的，合同未成立不影响仲裁协议的效力。

［其他仲裁条款的引用］

合同约定解决争议适用其他合同、文件中的有效仲裁条款的，发生合同争议时，当事人应当按照该仲裁条款提请仲裁。涉外合同应当适用的有关国际条约中有仲裁规定的，发生合同争议时，当事人应当按照国际条约中的仲裁规定提请仲裁。

▶条文参见

《最高人民法院关于适用〈中华人民共和国仲裁法〉若干问题的解释》第8-11条

第二十条　对仲裁协议的异议

当事人对仲裁协议的效力有异议的，可以请求仲裁委员会作出决定或者请求人民法院作出裁定。一方请求仲裁委员会作出决定，另一方请求人民法院作出裁定的，由人民法院裁定。

当事人对仲裁协议的效力有异议，应当在仲裁庭首次开庭前提出。

▶理解与适用

［异议提出的条件］

当事人对仲裁协议的效力提出异议，应当符合以下三个条件：（1）由当事人自己或其代理人提出异议。（2）当事人须向仲裁委员会或人民法院提出。本条所称仲裁委员会是当事人在仲裁协议中约定的仲裁委员会；本条所称法院包括：①当事人向人民法院申请确认仲裁协议效力的案件，由仲裁协议约定的仲裁机构所在地的中级人民法院管辖；仲裁协议约定的仲裁机构不明确的，由仲裁协议签订地或者被申请人住所地的中级人民法院管辖。②申请确认涉外仲裁协议效力的案件,由仲裁协议约定的仲裁机构所在地、仲裁协议签订地、申请人或者被申请人住所地的中级人民法院管辖。③涉及海事海商纠纷仲裁协议效力的案件,由仲裁协议约定的仲裁机构所在地、仲裁协议签订地、申请人或者被申请人住所地的海事法院管辖;上述地点没有海事法院的,由就近的海事法院管辖。(3)须在仲裁庭首次开庭前提出。当事人在仲裁庭首次开庭前没有对仲裁协议的效力提出异议,而后向人民法院申请确认仲裁协议无效的,人民法院不予受理。仲裁机构对仲裁协议的效力作出决定后,当事人向人民法院申请确认仲裁协议效力或者申请撤销仲裁机构决定的,人民法院不予受理。"首次开庭"是指答辩期满后人民法院组织的第一次开庭审理,不包括审前程序中的各项活动。

[确认仲裁协议效力案件的审理]

当事人对仲裁协议的效力有异议,一方当事人申请仲裁机构确认仲裁协议效力,另一方当事人请求人民法院确认仲裁协议无效,如果仲裁机构先于人民法院接受申请并已作出决定,人民法院不予受理;如果仲裁机构接受申请后尚未作出决定,人民法院应予受理,同时通知仲裁机构终止仲裁。一方当事人就合同纠纷或者其他财产权益纠纷申请仲裁,另一方当事人对仲裁协议的效力有异议,请求人民法院确认仲裁协议无效并就合同纠纷或者其他财产权益纠纷起诉的,人民法院受理后应当通知仲裁机构中止仲裁。人民法院依法作出仲裁协议有效或者无效的裁定后,应当将裁定书副本送达仲裁机构,由仲裁机构根据人民法院的裁定恢复仲裁或者撤销仲裁案件。人民法院依法对仲裁协议作出无效的裁定后,另一方当事人拒不应诉的,人民法院可以缺席判决;原受理仲裁申请的仲裁机构在人民法院确认仲裁协议无效后仍不撤销其仲裁案件的,不影响人民法院对案件的审理。

人民法院审理仲裁协议效力确认案件,应当组成合议庭进行审查,并询问当事人。对涉外仲裁协议的效力审查,适用当事人约定的法律;当事人没有约定适用的法律但约定了仲裁地的,适用仲裁地法律;当事人既没有约定适用的法律也没有约定仲裁地或者仲裁地约定不明的,适用法院地法律。

▶条文参见

《最高人民法院关于适用〈中华人民共和国仲裁法〉若干问题的解释》第12－15条；《最高人民法院关于确认仲裁协议效力几个问题的批复》三、四

第四章 仲裁程序

第一节 申请和受理

第二十一条 申请仲裁的条件

当事人申请仲裁应当符合下列条件：
（一）有仲裁协议；
（二）有具体的仲裁请求和事实、理由；
（三）属于仲裁委员会的受理范围。

▶理解与适用

本法第2条规定，平等主体的公民、法人和其他组织之间发生的合同纠纷和其他财产权益纠纷，可以仲裁。

第3条规定，下列纠纷不能仲裁：（1）婚姻、收养、监护、扶养、继承纠纷；（2）依法应当由行政机关处理的行政争议。

第二十二条 申请仲裁时应递交的文件

当事人申请仲裁，应当向仲裁委员会递交仲裁协议、仲裁申请书及副本。

第二十三条 仲裁申请书的内容

仲裁申请书应当载明下列事项：
（一）当事人的姓名、性别、年龄、职业、工作单位和住所，法人或者其他组织的名称、住所和法定代表人或者主要负责人的姓名、职务；

（二）仲裁请求和所根据的事实、理由；
（三）证据和证据来源、证人姓名和住所。

▶理解与适用

仲裁申请书应当记载法律规定的事项，并应注意以下问题：

（1）当事人的基本情况。具体包括申请人和被申请人的姓名、性别、年龄、职业、工作单位和住所。当事人是法人或者其他组织的，则应当写明该法人或者其他组织的名称、住所以及法定代表人或者主要负责人的姓名、职务。如果申请人由法定代理人代为参加仲裁活动的，可以在申请人栏下写明法定代理人的姓名、性别、年龄、职业等基本情况；如果申请人委托律师或者其他人参加仲裁活动的，还应当在申请人栏目下写明委托代理人的基本情况。

（2）仲裁请求和所根据的事实、理由。仲裁申请书中的仲裁请求部分要明确、具体，要具体写明申请人通过仲裁委员会向被申请人提出的具体的实体权利请求；如果申请人有多项仲裁请求，应当一一列明。仲裁申请书中的事实、理由部分是该申请书的核心部分，它既是支持仲裁申请人仲裁请求的依据，同时也是仲裁庭查明争议案件事实的重要依据。书写事实、理由部分要注意重点突出事实部分，理由部分要依据事实有理有据。

（3）证据和证据来源、证人姓名和住所。根据本法第43条的规定，当事人对自己提出的主张应当提供证据加以证明，这就要求申请人在提出仲裁请求时，应当提供仲裁请求所依据的证据。同时，为了便于仲裁庭审查证据的真实性与合法性，申请人还需要提供证据的来源；如果申请人提供证人作证，还需要提供证人的姓名和住所，以便通知证人作证。

第二十四条　仲裁申请的受理与不受理

仲裁委员会收到仲裁申请书之日起五日内，认为符合受理条件的，应当受理，并通知当事人；认为不符合受理条件的，应当书面通知当事人不予受理，并说明理由。

第二十五条　受理后的准备工作

仲裁委员会受理仲裁申请后，应当在仲裁规则规定的期限内将仲裁规则和仲裁员名册送达申请人，并将仲裁申请书副本和仲裁规则、仲裁员名册送达被申请人。

被申请人收到仲裁申请书副本后，应当在仲裁规则规定的期限内向仲裁委员会提交答辩书。仲裁委员会收到答辩书后，应当在仲裁规则规定的期限内将答辩书副本送达申请人。被申请人未提交答辩书的，不影响仲裁程序的进行。

▶理解与适用

送达，是指仲裁机构将仲裁文书依照一定程序和方式，送交当事人和其他仲裁参与人的一项仲裁行为。

《仲裁法》对送达方式没有作出明确的规定，根据仲裁实践及《民事诉讼法》的规定，在仲裁活动中，送达一般有以下四种方式：直接送达、留置送达、邮寄送达、转交送达。

第二十六条　仲裁协议的当事人一方向人民法院起诉的处理

当事人达成仲裁协议，一方向人民法院起诉未声明有仲裁协议，人民法院受理后，另一方在首次开庭前提交仲裁协议的，人民法院应当驳回起诉，但仲裁协议无效的除外；另一方在首次开庭前未对人民法院受理该案提出异议的，视为放弃仲裁协议，人民法院应当继续审理。

▶理解与适用

根据仲裁基本原则中的或裁或审原则，当事人既已达成了仲裁协议，选择仲裁方式解决双方当事人之间的纠纷，就意味着他们放弃了通过诉讼途径由人民法院对纠纷案件进行审理的诉讼权利，这是当事人双方合意选择的结果。因此，在一般情况下，当事人达成仲裁协议的，就不能再向人民法院起诉，当事人向人民法院起诉的，人民法院不予受理。

在具体的仲裁实践中，仲裁协议的一方当事人向人民法院起诉，未声明有仲裁协议，人民法院受理后，就可能会出现两种情况：一种情况是一方当事人向人民法院起诉未声明有仲裁协议，而另一方当事人在首次开庭前提交仲裁协议。在这种情况下，人民法院本应驳回起诉，但起诉方可以主张仲裁协议无效，请求人民法院裁定是否继续审理。这时，人民法院应对仲裁协议进行审查，如裁定协议有效，应驳回起诉，如裁定协议无效，可对案件继续进行审理。另一种情况是一方当事人起诉未声明有仲裁协议，另一方当事人在首次开庭前未对人民法院受理该案提出异议。在这种情况下，应视为放弃仲裁协议，人民法院应当继续审理。

根据《最高人民法院关于适用〈中华人民共和国仲裁法〉若干问题的解释》第14条的规定，"首次开庭"是指答辩期满后人民法院组织的第一次开庭审理，不包括审前程序中的各项活动。

▶条文参见

《最高人民法院关于适用〈中华人民共和国仲裁法〉若干问题的解释》第14－16条

第二十七条　仲裁请求的放弃、变更、承认、反驳以及反请求

申请人可以放弃或者变更仲裁请求。被申请人可以承认或者反驳仲裁请求，有权提出反请求。

▶理解与适用

放弃，是指申请人根据处分权原则，向仲裁委员会提出的不再要求继续原仲裁请求的行为。在实践中申请人放弃仲裁请求常以撤回仲裁申请的方式进行。

变更，是指申请人在案件受理后基于案件情况发生的变化，或者对纠纷有了新的认识而向仲裁委员会提出的更改仲裁请求的行为。变更仲裁请求包含部分变更和全部变更两种情况，如果全部变更，可视为当事人原有的仲裁请求已撤销，仲裁委员会只需对新的仲裁请求作出裁决。

承认，是指被申请人表示认可申请人启动的仲裁程序，或者愿意接受申请人提出的实体权利的要求。前者是程序上的承认，后者是实体上的承认。

反驳，是指被申请人为了维护自己的合法权益，而提出理由和证据来对抗申请人仲裁请求的一种法律手段。在实践中，反驳分为程序意义上的反驳和实体意义上的反驳。前者是以程序上的理由来反对申请人的请求，并用事实证明申请人不具备引起仲裁程序发生的条件，要求仲裁委员会终止仲裁活动；后者是以实体法上的理由来反对申请人的请求，以事实证明申请人的请求不合理。

反请求，是指在已经开始的仲裁程序中，被申请人以原仲裁申请人为被申请人，向仲裁委员会提出的与原仲裁请求在事实上和法律上有牵连的、目的在于抵消或吞并仲裁申请人原仲裁请求的独立的请求。

▶条文参见

《中国国际经济贸易仲裁委员会仲裁规则》第16-21条；《中国海事仲裁委员会仲裁规则》第16-21条

第二十八条　财产保全

一方当事人因另一方当事人的行为或者其他原因，可能使裁决不能执行或者难以执行的，可以申请财产保全。

当事人申请财产保全的，仲裁委员会应当将当事人的申请依照民事诉讼法的有关规定提交人民法院。

申请有错误的，申请人应当赔偿被申请人因财产保全所遭受的损失。

▶理解与适用

［财产保全的概念］

财产保全，即在仲裁庭受理案件后、作出裁决前，为了保证生效裁决或者调解书顺利执行付诸实现，由申请人向仲裁委员会提出申请，并通过人民法院对被申请人的财物采取限制其处分的强制性措施。

［财产保全的条件和程序］

人民法院对于可能因当事人一方的行为或者其他原因，使判决难以执行或者造成当事人其他损害的案件，根据对方当事人的申请，可以裁定对其财产进行保全、责令其作出一定行为或者禁止其作出一定行为；当事人没有提出申请的，人民法院在必要时也可以裁定采取保全措施。人民法院采取保全措施，可以责令申请人提供担保，申请人不提供担保的,裁定驳回申请。人民法院接受申请后,对情况紧急的,必须在48小时内作出裁定;裁定采取保全措施的,应当立即开始执行。

利害关系人因情况紧急,不立即申请保全将会使其合法权益受到难以弥补的损害的,可以在提起诉讼或者申请仲裁前向被保全财产所在地、被申请人住所地或者对案件有管辖权的人民法院申请采取保全措施。申请人应当提供担保,不提供担保的,裁定驳回申请。人民法院接受申请后,必须在48小时内作出裁定;裁定采取保全措施的,应当立即开始执行。申请人在人民法院采取保全措施后30日内不依法提起诉讼或者申请仲裁的,人民法院应当解除保全。

[财产保全的范围]

保全限于请求的范围,或者与本案有关的财物。

财产已被查封、冻结的,不得重复查封、冻结。

[财产保全的管辖法院]

国内仲裁案件的当事人依照本条的规定申请财产保全的,仲裁委员会应当将当事人的申请依照《民事诉讼法》的有关规定提交被申请人住所地或者被保全财产所在地或对案件有管辖权的人民法院。

另外,《最高人民法院关于洪胜有限公司申请解除仲裁财产保全一案的请示的复函》(2004年10月22日,民四他字〔2004〕第25号)规定,人民法院审查是否撤销仲裁裁决阶段,不应解除财产保全。

▶条文参见

《民事诉讼法》第103-108条;《国务院办公厅关于贯彻实施〈中华人民共和国仲裁法〉需要明确的几个问题的通知》二;《中国国际经济贸易仲裁委员会仲裁规则》第23条;《中国海事仲裁委员会仲裁规则》第23条

第二十九条 仲裁代理

当事人、法定代理人可以委托律师和其他代理人进行仲裁活动。委托律师和其他代理人进行仲裁活动的,应当向仲裁委员会提交授权委托书。

▶理解与适用

仲裁委托代理人,是指基于当事人、法定代理人、法定代表人的授权委托并在授权范围内,代为进行仲裁活动的人。

根据委托授权的不同,可以把委托代理分为一般委托代理和特别委托代理。一般委托代理,是指代理人只能代理被代理人为一般仲裁行为的代理。特别委托代理,是指代理人不仅可以为被代理人代理一般仲裁行为,而且可以根据被代理人的特别授权,代为承认、放弃、变更仲裁请求、进行和解、调解等仲裁行为的代理。

▶条文参见

《民事诉讼法》第61-64条

第二节 仲裁庭的组成

第三十条 仲裁庭的组成

仲裁庭可以由三名仲裁员或者一名仲裁员组成。由三名仲裁员组成的,设首席仲裁员。

▶理解与适用

仲裁庭,是指当事人选定或者仲裁委员会主任指定的仲裁员所组成的,对当事人提请仲裁的争议案件按照仲裁程序进行审理并作出仲裁裁决的仲裁组织。

仲裁委员会对当事人基于仲裁协议提出的仲裁申请,经过审查予以受理后,并不是由仲裁委员会直接对该争议案件行使审理与裁决权,而是必须依仲裁规则组成仲裁庭,由仲裁庭行使对争议案件的具体仲裁权。

仲裁庭与仲裁委员会的区别在于:

(1) 仲裁庭是当事人提请仲裁的争议案件的直接审理者与裁决者。仲裁庭是仲裁委员会内部成立的专门负责对当事人提请仲裁的具体争议案件进行审理并作出仲裁裁决组织,仲裁庭的成员是当事人在仲裁委员会确定的仲裁员名册中选定的仲裁员或者由仲裁委员会主任在上述名册中指定的仲裁员组成的。仲裁委员会虽然是当事人仲裁协议约定争议案件的解决机构,但是仲裁委员会并不负责具体案件的审理与裁决。

（2）仲裁庭具有临时性。仲裁庭是临时设立的，当事人向仲裁委员会提请仲裁争议案件时，即根据仲裁争议案件的需要而设立仲裁庭，争议案件因仲裁庭作出仲裁裁决而得到解决，或者因当事人撤回仲裁申请而结束仲裁程序时，仲裁庭即撤销。

（3）仲裁庭具有灵活性。在仲裁程序中，当事人申请仲裁后，采取何种形式组成仲裁庭，是由当事人双方根据提请仲裁的争议案件自行确定的，而且仲裁庭的组成人员也是由双方当事人根据案件需要自行选定或者委托仲裁委员会主任指定的，无固定统一的要求，具有较大的灵活性。

第三十一条　仲裁员的选任

当事人约定由三名仲裁员组成仲裁庭的，应当各自选定或者各自委托仲裁委员会主任指定一名仲裁员，第三名仲裁员由当事人共同选定或者共同委托仲裁委员会主任指定。第三名仲裁员是首席仲裁员。

当事人约定由一名仲裁员成立仲裁庭的，应当由当事人共同选定或者共同委托仲裁委员会主任指定仲裁员。

▶理解与适用

［仲裁庭的人数］

仲裁庭组成形式有两种，即独任仲裁庭和合议制仲裁庭。

合议制仲裁庭，是指由3名仲裁员组成仲裁庭，对当事人提请仲裁的争议案件进行集体审理和评议裁决的组织形式。

独任仲裁庭，是指由1名仲裁员组成仲裁庭，它是对当事人提请仲裁的争议案件进行审理和裁决的组织形式。

第三十二条　仲裁员的指定

当事人没有在仲裁规则规定的期限内约定仲裁庭的组成方式或者选定仲裁员的，由仲裁委员会主任指定。

第三十三条　仲裁庭组成情况的书面通知

仲裁庭组成后,仲裁委员会应当将仲裁庭的组成情况书面通知当事人。

第三十四条　仲裁员须回避的情形

仲裁员有下列情形之一的,必须回避,当事人也有权提出回避申请:

（一）是本案当事人或者当事人、代理人的近亲属;
（二）与本案有利害关系;
（三）与本案当事人、代理人有其他关系,可能影响公正仲裁的;
（四）私自会见当事人、代理人,或者接受当事人、代理人的请客送礼的。

▶理解与适用

利害关系,是指本案的裁决结果直接涉及或者间接涉及仲裁员的某种利益,如与当事人是共同权利人或是共同义务人。

其他关系,是指仲裁员与当事人或仲裁代理人之间除了上述关系以外的其他的社会关系,如邻居关系、朋友关系、同事关系、师生关系或个人之间的恩怨关系。只要存在影响公正裁决的可能性时,仲裁员就应当回避,而不论该关系是否真正影响了仲裁的公正性。

▶条文参见

《民事诉讼法》第 47-50 条

第三十五条　回避申请的提出

当事人提出回避申请,应当说明理由,在首次开庭前提出。回避事由在首次开庭后知道的,可以在最后一次开庭终结前提出。

▶理解与适用

根据本条的规定,当事人可以在以下两个时间提出回避申请:

(1)在首次开庭前提出。仲裁庭组成后,仲裁委员会应当将仲裁庭的组成情况书面通知当事人,独任仲裁员或首席仲裁员在开庭开始时也必须告知当事人申请回避的权利,并询问当事人是否提出回避申请。

(2)在最后一次开庭终结前提出。出于种种原因,在仲裁庭首次开庭前,当事人可能对仲裁员是否符合法定回避情形不太了解,而在案件审理过程中,才发现或知道仲裁员具有回避事由,为保障仲裁当事人充分行使其权利,确保仲裁的公正性,法律允许当事人在最后一次开庭终结前提出回避申请。

但如果仲裁庭开庭审理已经结束,进入了评议阶段或已作出了裁决,则不能再行提出回避申请,而只能依照法律规定向人民法院申请撤销仲裁裁决,予以补救。

▶条文参见

《民事诉讼法》第48条

第三十六条　回避的决定

仲裁员是否回避,由仲裁委员会主任决定;仲裁委员会主任担任仲裁员时,由仲裁委员会集体决定。

▶条文参见

《民事诉讼法》第49条、第50条

第三十七条　仲裁员的重新确定

仲裁员因回避或者其他原因不能履行职责的,应当依照本法规定重新选定或者指定仲裁员。

因回避而重新选定或者指定仲裁员后,当事人可以请求已进行的仲裁程序重新进行,是否准许,由仲裁庭决定;仲裁庭也可以自行决定已进行的仲裁程序是否重新进行。

第三十八条　仲裁员的除名

仲裁员有本法第三十四条第四项规定的情形，情节严重的，或者有本法第五十八条第六项规定的情形的，应当依法承担法律责任，仲裁委员会应当将其除名。

▶理解与适用

仲裁员私自会见当事人、代理人或者接受当事人、代理人的请客送礼，情节严重的；或在仲裁案件时有索贿受贿、徇私舞弊、枉法裁判行为的，应当依法承担法律责任，仲裁委员会应当将其除名。"情节严重"一般是指屡次吃请、受礼、会见当事人或造成恶劣影响的。具有上述两种情形的仲裁员，既要接受被仲裁委员会除名的内部纪律处分，同时还要承担相应的民事、行政和刑事法律责任。

▶条文参见

《仲裁法》第34条、第58条；《刑法》第385条、第386条、第399条之一

第三节　开庭和裁决

第三十九条　仲裁审理的方式

仲裁应当开庭进行。当事人协议不开庭的，仲裁庭可以根据仲裁申请书、答辩书以及其他材料作出裁决。

▶理解与适用

仲裁审理，是指仲裁庭依法组成后，按照仲裁法以及仲裁规则规定的程序和方式，对当事人之间发生争议并交付仲裁的争议案件进行审理并作出仲裁裁决的活动。

第四十条　开庭审理的方式

仲裁不公开进行。当事人协议公开的，可以公开进行，但涉及国家秘密的除外。

▶理解与适用

国家秘密，是指关系国家的安全和利益，依照法定程序确定，在一定时间内只限一定范围的人员知晓的事项。其具体范围包括：（1）国家事务的重大决策中的秘密事项；（2）国防建设和武装力量活动中的秘密事项；（3）外交和外事活动中的秘密事项以及对外承担保密义务的事项；（4）国民经济和社会发展中的秘密事项；（5）科学技术中的秘密事项；（6）维护国家安全活动和追查刑事犯罪中的秘密事项；（7）其他经国家保密工作部门确定应当保守的国家秘密事项。政党的秘密事项中符合法律规定的国家秘密事项的，属于国家秘密。

不公开审理，是指仲裁庭在审理案件时，只允许双方当事人、代理人、证人、有关的专家、翻译人员以及审理本案的仲裁人员参加，不对社会公开，不允许其他与案件无关的人旁听，也不允许新闻记者采访与报道。

第四十一条　开庭日期的通知与延期开庭

仲裁委员会应当在仲裁规则规定的期限内将开庭日期通知双方当事人。当事人有正当理由的，可以在仲裁规则规定的期限内请求延期开庭。是否延期，由仲裁庭决定。

第四十二条　当事人缺席的处理

申请人经书面通知，无正当理由不到庭或者未经仲裁庭许可中途退庭的，可以视为撤回仲裁申请。

被申请人经书面通知，无正当理由不到庭或者未经仲裁庭许可中途退庭的，可以缺席裁决。

▶理解与适用

撤回仲裁申请，是指仲裁委员会受理当事人提出的仲裁申请后，在仲裁庭作出仲裁裁决之前，仲裁申请人撤回自己的仲裁申请，不再请求仲裁庭对该争议案件进行审理并作出仲裁裁决的行为。

缺席裁决，是指仲裁庭在被申请人一方无正当理由不到庭或者未经仲裁庭许可中途退庭，在没有双方当事人充分陈述与辩论的情况下，仲裁庭在听取申请人一方的陈述并查明争议案件事实的基础上作出的仲裁裁决。

▶条文参见

《中国国际经济贸易仲裁委员会仲裁规则》第39条;《中国海事仲裁委员会仲裁规则》第44条

第四十三条　证据提供与收集

当事人应当对自己的主张提供证据。

仲裁庭认为有必要收集的证据,可以自行收集。

▶理解与适用

仲裁中的证据条件和种类与民事诉讼中的证据条件和种类是一致的。仲裁中的证据同样要求符合客观性、关联性和合法性三个必备条件;仲裁中的证据种类也包括书证、物证、视听资料、电子数据、证人证言、当事人的陈述、鉴定意见、勘验笔录八类。

下列事实,当事人无须举证证明:(1) 自然规律以及定理、定律;(2) 众所周知的事实;(3) 根据法律规定推定的事实;(4) 根据已知的事实和日常生活经验法则推定出的另一事实;(5) 已为仲裁机构的生效裁决所确认的事实;(6) 已为人民法院发生法律效力的裁判所确认的基本事实;(7) 已为有效公证文书所证明的事实。上述第2项至第5项事实,当事人有相反证据足以反驳的除外;第6项、第7项事实,当事人有相反证据足以推翻的除外。

▶条文参见

《中国国际经济贸易仲裁委员会仲裁规则》第41条、第43条;《中国海事仲裁委员会仲裁规则》第46条、第48条;《最高人民法院关于民事诉讼证据的若干规定》第10条

第四十四条　专门性问题的鉴定

仲裁庭对专门性问题认为需要鉴定的,可以交由当事人约定的鉴定部门鉴定,也可以由仲裁庭指定的鉴定部门鉴定。

根据当事人的请求或者仲裁庭的要求,鉴定部门应当派鉴定人参加开庭。当事人经仲裁庭许可,可以向鉴定人提问。

▶理解与适用

在实践中，仲裁程序中的鉴定部门，首先可以由当事人约定；其次是仲裁庭指定。在仲裁实践中，经常还出现这样的情况，在一方当事人向仲裁庭提供的证据中，往往有自己一方约请鉴定部门进行的鉴定报告，对此的效力应如何认定？仲裁庭是否必须采纳？一般来讲，如果对方当事人对该方当事人出示的鉴定意见无异议的，即应视为接受该鉴定部门。但如果对方当事人有异议，而且异议有理，即需重新约定鉴定部门或仲裁庭指定鉴定部门，进行重新鉴定。

▶条文参见

《中国国际经济贸易仲裁委员会仲裁规则》第44条；《中国海事仲裁委员会仲裁规则》第49条

第四十五条 证据的出示与质证

证据应当在开庭时出示，当事人可以质证。

▶理解与适用

质证的顺序一般是：（1）申请人出示证据，被申请人进行质证。（2）被申请人出示证据，申请人进行质证。（3）第三人出示证据，申请人、被申请人对第三人出示的证据进行质证；第三人对申请人或被申请人出示的证据进行质证。

质证的方法，根据证据的不同而不同。实践中，如书证可以从制作主体、制作时间、制作内容、是否原件等方面进行质证；证人证言则可以从证人行为能力、是否了解案情、证言是否真实等方面提出质疑。

应当注意的是，当事人对自己的主张，只有本人陈述而不能提出其他相关证据的，除对方当事人认可外，其主张不予支持。

一方当事人提出的证据，对方当事人认可或者不予反驳的，可以确认其证明力；一方当事人提出的证据，对方当事人举不出相应证据反驳的，可以综合全案情况对该证据予以认定。双方当事人对同一事实分别举出相反的证据，但都没有足够理由否定对方证据的，应当分别对当事人提出的证据进行审查，并结合其他证据综合认定。

当事人在庭审质证时对证据表示认可，庭审后又反悔，但提不出相应证据的，不能推翻已认定的证据。

▶条文参见

《中国国际经济贸易仲裁委员会仲裁规则》第42条；《中国海事仲裁委员会仲裁规则》第50条；《民事诉讼法》第71条；《最高人民法院关于民事诉讼证据的若干规定》第60-84条

第四十六条　证据保全

在证据可能灭失或者以后难以取得的情况下，当事人可以申请证据保全。当事人申请证据保全的，仲裁委员会应当将当事人的申请提交证据所在地的基层人民法院。

▶理解与适用

证据保全，是指证据在可能灭失或今后难以取得的情况下，仲裁委员会将当事人的申请提交人民法院，并由人民法院审查后采取一定措施将有关证据加以提收或固定的活动。

仲裁证据保全应当注意以下几个问题：

（1）仲裁证据保全的事由。仲裁证据可能灭失或者以后难以取得的情况是申请仲裁证据保全的事由。

（2）仲裁证据保全的申请。在仲裁过程中，证据保全应当由当事人向仲裁机构提出申请。仲裁机构不能以自己的名义向法院申请保全，只能将当事人提出的证据保全申请依照《民事诉讼法》的有关规定提交人民法院，人民法院审查决定是否予以受理保全。人民法院在接受证据保全申请时，要求申请人提供需保全的证据在何处，什么证据等情况。

（3）仲裁证据保全的执行管辖。国内仲裁的证据保全由证据所在地的基层人民法院管辖，涉外仲裁的证据保全由证据所在地的中级人民法院管辖。

（4）仲裁证据保全的裁定。人民法院对仲裁机构提交的当事人的证据保全申请应当进行审查，符合法律规定的，应当依法作出证据保全的裁定；如认为不符合法律规定的，应当依法裁定驳回申请。

其中，人民法院依法作出的证据保全裁定是仲裁证据保全执行的根据。

▶条文参见

《仲裁法》第68条；《民事诉讼法》第84条；《最高人民法院关于民事诉讼证据的若干规定》第25-29条

第四十七条　当事人的辩论

当事人在仲裁过程中有权进行辩论。辩论终结时，首席仲裁员或者独任仲裁员应当征询当事人的最后意见。

▶理解与适用

辩论，是指双方当事人及其代理人在仲裁庭上就有争议的事实和法律问题，进行辩驳和论证。

在仲裁实践中，具体的辩论按照以下顺序进行：

（1）申请人及其代理人发言。这是申请人辩论的开始。申请人发言的内容，主要是反驳被申请人用以反驳其主张的事实和理由，论证自己的主张，即针对被申请人主张的事实和理由，作出回答和进行辩解。这不是重复自己在调查阶段的陈述，也不是简单否定被申请人的反驳，而是通过摆事实，讲道理，驳斥被申请人主张的事实和理由。

（2）被申请人及其代理人答辩。这是被申请人辩论的开始。被申请人答辩的内容，主要是针对申请人提出的事实和理由，作出回答并进行辩解，论证自己反驳的事实和理由。应当注意的是，被申请人在仲裁庭上的答辩，不同于在答辩状中的答辩，而是对申请人的辩论有针对性和反驳性，通过摆事实，讲道理，回答和驳斥申请人坚持主张的事实和理由。

（3）互相辩论。互相辩论是辩论的继续，是在仲裁庭的指挥下，就有争论的问题一一开展辩论。这时的辩论，应注意的是，虽然仍按先申请人、后被申请人的顺序进行，但又有其特点：其既是就具体问题开展针锋相对的辩论，也是就辩论问题的核实。在具体的仲裁活动中，仲裁庭在指挥辩论中，应保证双方当事人平等地行使辩论权。特别是对于不善辩论的人，可以用明确焦点的方法，进行启发、引导。

辩论终结时，首席仲裁员或者独任仲裁员应当征询当事人的最后意见。至此，首席仲裁员或者独任仲裁员宣布辩论终结。

第四十八条　仲裁笔录

仲裁庭应当将开庭情况记入笔录。当事人和其他仲裁参与人认为对自己陈述的记录有遗漏或者差错的，有权申请补正。如果不予补正，应当记录该申请。

笔录由仲裁员、记录人员、当事人和其他仲裁参与人签名或者盖章。

第四十九条　仲裁和解

当事人申请仲裁后，可以自行和解。达成和解协议的，可以请求仲裁庭根据和解协议作出裁决书，也可以撤回仲裁申请。

▶理解与适用

仲裁和解，是指仲裁委员会受理争议案件后，仲裁庭作出仲裁裁决前，双方当事人通过自愿平等协商，达成和解协议，以解决争议案件，终结仲裁程序的活动。在仲裁和解时，应当注意把握以下几点：（1）和解是双方当事人的自愿行为，不需要任何第三方的参与；（2）和解作为当事人自行解决争议案件的活动，需双方达成和解协议；（3）和解的时间需在仲裁委员会受理争议案件后，仲裁庭作出仲裁裁决之前。

当事人申请仲裁后，可以自行和解。达成和解协议的，可以请求仲裁庭根据和解协议作出裁决书，也可以撤回仲裁申请。

也就是说，当事人自行和解并达成和解协议后，可以作出以下两种处理：

（1）请求仲裁庭根据和解协议作出裁决书。该裁决书与仲裁庭对争议案件经过审理，行使仲裁权作出的裁决书具有同等的法律效力：①对当事人之间的争议案件作出了终局的确定结论，对基于同一事实与理由的案件，当事人既不得再向仲裁委员会申请仲裁，也不得向人民法院提起诉讼；此外，对该具有法律效力的裁决书，非经法定撤销程序，任何机构都不得改变其内容。②具有强制执行力，即如果义务人不履行该仲裁裁决书中所确定的义务，权利人可以该裁决书为依据向有管辖权的人民法院申请强制执行，从而实现自己的合法权益。

（2）撤回仲裁申请。在仲裁程序中，当事人经过自愿协商达成和解协议后，也可以不请求仲裁庭依据该和解协议作出裁决书，而撤回仲裁申请。当事人提出撤回仲裁申请后，只要仲裁庭对该申请经过审查，准许当事人撤回仲裁申请，就意味着仲裁庭无须再对该争议案件进行审理并作出仲裁裁决。

应当注意的是，当事人经过自行协商达成和解协议后，采取撤回仲裁申请的方式与请求仲裁庭作出仲裁裁决的方式不同：采取撤回仲裁申请方式只是以自愿达成和解协议的形式在双方之间解决了争议，重新确定了双方之间的权利义务关系，但是，这种确定并未获得法律效力，即义务一方当事人不履行和解协议所确定的义务时，权利人无权依据该和解协议向有管辖权的人民法院申请强制执行。当事人撤回仲裁申请后反悔的可以重新申请仲裁。

▶条文参见
《民事诉讼法》第53条

第五十条　达成和解协议、撤回仲裁申请后反悔的处理

当事人达成和解协议，撤回仲裁申请后反悔的，可以根据仲裁协议申请仲裁。

第五十一条　仲裁调解

仲裁庭在作出裁决前，可以先行调解。当事人自愿调解的，仲裁庭应当调解。调解不成的，应当及时作出裁决。

调解达成协议的，仲裁庭应当制作调解书或者根据协议的结果制作裁决书。调解书与裁决书具有同等法律效力。

▶理解与适用

和解与调解仅一字之差，而且在具体做法上都要求双方在平等基础上自愿协商，但它们却是两种不同的仲裁法律制度，其具体区别主要在于：

（1）两者的性质不同。仲裁调解是仲裁庭行使职权的活动，因此，调解应在仲裁员的主持下进行；而和解是当事人对自己权利的处

分，是当事人自行协商达成协议，解决纠纷的活动，并无仲裁员主持。

（2）两者的法律后果不同。和解达成协议后，可能产生两种法律后果：如果当事人请求仲裁庭依和解协议制作裁决书，那么和解就具有终局裁决的效力，当事人不得违反，也不得以同一事实和理由再申请仲裁或提起诉讼。如果当事人依和解协议撤回仲裁申请，那么和解协议仅具有一般合同的效力，当事人不能申请法院强制执行，申请人反悔的，可以重新申请仲裁。而调解则不同，当事人达成调解协议后，仲裁庭应当制作调解书或依据调解协议的结果制作裁决书，无论是调解书还是裁决书，都具有终局裁决的同等法律效力，当事人不得违反，也不得以同一事实和理由再申请仲裁或提起诉讼。

▶条文参见

《民事诉讼法》第96－102条

第五十二条　仲裁调解书

调解书应当写明仲裁请求和当事人协议的结果。调解书由仲裁员签名，加盖仲裁委员会印章，送达双方当事人。

调解书经双方当事人签收后，即发生法律效力。

在调解书签收前当事人反悔的，仲裁庭应当及时作出裁决。

▶理解与适用

调解书经双方当事人签收后，即发生法律效力。应注意的是，调解书与裁决书虽然法律效力相同，但在何时生效上却不同。裁决书作出即生效；调解书则并非作出后马上生效，而是要待当事人签收后才生效，而且要求双方当事人签收。也就是说，既不是一方签收就对该方生效，也不是一方签收就对双方生效，而是只要一方未签收就对双方都无效，只有双方都签收，才对双方都有效。

仲裁调解书须经签收后生效，调解书一经签收，当事人不得反悔，但在签收之前允许当事人反悔。

调解不成或调解达成协议后，当事人反悔的，表明调解不成，依《仲裁法》的规定，在调解书签收前当事人反悔的，仲裁庭应及时作出裁决。这主要是因为，达成调解协议的过程就是仲裁庭的审理过程，制作调解书时，实际上审理已经完毕。所以，当事人拒绝签收调解书时，仲裁庭没有必要再经过仲裁程序重复已经完成的审理，而直接裁决即可，以免久调不决，这会使当事人的权利义务关系长期处于不确定状态。

▶条文参见

《民事诉讼法》第 100 条

第五十三条　仲裁裁决的作出

裁决应当按照多数仲裁员的意见作出，少数仲裁员的不同意见可以记入笔录。仲裁庭不能形成多数意见时，裁决应当按照首席仲裁员的意见作出。

第五十四条　裁决书的内容

裁决书应当写明仲裁请求、争议事实、裁决理由、裁决结果、仲裁费用的负担和裁决日期。当事人协议不愿写明争议事实和裁决理由的，可以不写。裁决书由仲裁员签名，加盖仲裁委员会印章。对裁决持不同意见的仲裁员，可以签名，也可以不签名。

第五十五条　先行裁决

仲裁庭仲裁纠纷时，其中一部分事实已经清楚，可以就该部分先行裁决。

▶理解与适用

先行裁决，是指对整个争议中的某一个或某几个问题已经审理清楚，为了及时保护当事人的合法权益或有利于继续审理其他问题，仲裁庭先行作出的对某一个或某几个问题的终局性裁决。

先行裁决一经作出，即具有法律效力。先行裁决有助于加速仲裁进程，提高工作效率，及时保护当事人的合法权益。

第五十六条　裁决书的补正

对裁决书中的文字、计算错误或者仲裁庭已经裁决但在裁决书中遗漏的事项，仲裁庭应当补正；当事人自收到裁决书之日起三十日内，可以请求仲裁庭补正。

▶ **理解与适用**

仲裁实践中，裁决书在以下情况下可以补正：（1）裁决书中任何计算错误，任何抄写、排印错误或任何类似的错误，当事人可以要求改正；（2）当事人在仲裁程序中提出但在裁决书中遗漏的申诉或反诉事项，或者仲裁庭在其意见中陈述过但裁决中遗漏了的应裁事项，当事人可以要求追加裁决；（3）裁决事项模棱两可或表达不清，当事人可以要求解释。需要注意的是，对裁决的改正、追加和解释构成原裁决的组成部分。

▶ **条文参见**

《中国国际经济贸易仲裁委员会仲裁规则》第54条；《中国海事仲裁委员会仲裁规则》第63条

第五十七条　裁决书生效

裁决书自作出之日起发生法律效力。

第五章　申请撤销裁决

第五十八条　申请撤销仲裁裁决的法定情形

当事人提出证据证明裁决有下列情形之一的，可以向仲裁委员会所在地的中级人民法院申请撤销裁决：

（一）没有仲裁协议的；

（二）裁决的事项不属于仲裁协议的范围或者仲裁委员会无权仲裁的；

（三）仲裁庭的组成或者仲裁的程序违反法定程序的；
　　（四）裁决所根据的证据是伪造的；
　　（五）对方当事人隐瞒了足以影响公正裁决的证据的；
　　（六）仲裁员在仲裁该案时有索贿受贿，徇私舞弊，枉法裁决行为的。
　　人民法院经组成合议庭审查核实裁决有前款规定情形之一的，应当裁定撤销。
　　人民法院认定该裁决违背社会公共利益的，应当裁定撤销。

▶理解与适用

　　当事人对重新仲裁裁决不服的，可以在重新仲裁裁决书送达之日起6个月内依据本条规定向人民法院申请撤销。当事人申请撤销仲裁裁决的案件，人民法院应当组成合议庭审理，并询问当事人。人民法院受理当事人撤销仲裁裁决的申请后，另一方当事人申请执行同一仲裁裁决的，受理执行申请的人民法院应当在受理后裁定中止执行。
　　当事人以仲裁裁决事项超出仲裁协议范围为由申请撤销仲裁裁决，经审查属实的，人民法院应当撤销仲裁裁决中的超裁部分。但超裁部分与其他裁决事项不可分的，人民法院应当撤销仲裁裁决。
　　没有仲裁协议，是指当事人没有达成仲裁协议。仲裁协议被认定无效或者被撤销的，视为没有仲裁协议。
　　违反法定程序，是指违反《仲裁法》规定的仲裁程序和当事人选择的仲裁规则可能影响案件正确裁决情形。
　　当事人向人民法院申请撤销仲裁裁决被驳回后，又在执行程序中以相同理由提出不予执行抗辩的，人民法院不予支持。当事人在仲裁程序中未对仲裁协议的效力提出异议，在仲裁裁决作出后以仲裁协议无效为由主张撤销仲裁裁决或者提出不予执行抗辩的，人民法院不予支持。

▶条文参见

　　《最高人民法院关于适用〈中华人民共和国仲裁法〉若干问题的解释》第17-20条、第24-27条

第五十九条　申请撤销仲裁裁决的期限

当事人申请撤销裁决的,应当自收到裁决书之日起六个月内提出。

▶理解与适用

当事人申请撤销仲裁裁决的,应当在收到裁决书之日起6个月内向人民法院提出。如果超过了6个月的法定期限,当事人即丧失了请求人民法院撤销仲裁裁决的权利。如果当事人因正当理由没有能够在6个月内向人民法院提出申请,则可以依照《民事诉讼法》第86条的规定在障碍消除后的10日内向人民法院申请顺延期限,是否准许,由人民法院决定。

第六十条　人民法院对撤销申请的审查与处理

人民法院应当在受理撤销裁决申请之日起两个月内作出撤销裁决或者驳回申请的裁定。

第六十一条　申请撤销仲裁裁决的后果

人民法院受理撤销裁决的申请后,认为可以由仲裁庭重新仲裁的,通知仲裁庭在一定期限内重新仲裁,并裁定中止撤销程序。仲裁庭拒绝重新仲裁的,人民法院应当裁定恢复撤销程序。

▶理解与适用

[重新仲裁的情形]

当事人申请撤销国内仲裁裁决的案件属于下列情形之一的,人民法院可以依照《仲裁法》第61条的规定通知仲裁庭在一定期限内重新仲裁:(1)仲裁裁决所根据的证据是伪造的;(2)对方当事人隐瞒了足以影响公正裁决的证据的。人民法院应当在通知中说明要求重新仲裁的具体理由。仲裁庭在人民法院指定的期限内开始重新仲裁的,人民法院应当裁定终结撤销程序;未开始重新仲裁的,人民法院应当裁定恢复撤销程序。当事人对重新仲裁裁决不服的,可以在重新仲裁裁决书送达之日起6个月内依据《仲裁法》第58条的规定向人民法院申请撤销。

▶条文参见

《最高人民法院关于适用〈中华人民共和国仲裁法〉若干问题的解释》第21-23条

第六章 执 行

第六十二条　仲裁裁决的执行

当事人应当履行裁决。一方当事人不履行的,另一方当事人可以依照民事诉讼法的有关规定向人民法院申请执行。受申请的人民法院应当执行。

▶理解与适用

《最高人民法院关于人民法院办理仲裁裁决执行案件若干问题的规定》所称的仲裁裁决执行案件,是指当事人申请人民法院执行仲裁机构依据仲裁法作出的仲裁裁决或者仲裁调解书的案件。

当事人对仲裁机构作出的仲裁裁决或者仲裁调解书申请执行的,由被执行人住所地或者被执行的财产所在地的中级人民法院管辖。符合下列条件的,经上级人民法院批准,中级人民法院可以参照《民事诉讼法》第38条的规定指定基层人民法院管辖:(1)执行标的额符合基层人民法院一审民商事案件级别管辖受理范围。(2)被执行人住所地或者被执行的财产所在地在被指定的基层人民法院辖区内;被执行人、案外人对仲裁裁决执行案件申请不予执行的,负责执行的中级人民法院应当另行立案审查处理;执行案件已指定基层人民法院管辖的,应当于收到不予执行申请后3日内移送原执行法院另行立案审查处理。

▶条文参见

《最高人民法院关于适用〈中华人民共和国仲裁法〉若干问题的解释》第29条

第六十三条　仲裁裁决的不予执行

被申请人提出证据证明裁决有民事诉讼法第二百一十三条第二款规定的情形之一的，经人民法院组成合议庭审查核实，裁定不予执行。

▶ 理解与适用

本条中"民事诉讼法第二百一十三条第二款"为2021年12月24日修改的《民事诉讼法》第244条第2款。

《民事诉讼法》第244条第2款规定："被申请人提出证据证明仲裁裁决有下列情形之一的，经人民法院组成合议庭审查核实，裁定不予执行：（一）当事人在合同中没有订有仲裁条款或者事后没有达成书面仲裁协议的；（二）裁决的事项不属于仲裁协议的范围或者仲裁机构无权仲裁的；（三）仲裁庭的组成或者仲裁的程序违反法定程序的；（四）裁决所根据的证据是伪造的；（五）对方当事人向仲裁机构隐瞒了足以影响公正裁决的证据的；（六）仲裁员在仲裁该案时有贪污受贿，徇私舞弊，枉法裁决行为的。"第3款规定："人民法院认定执行该裁决违背社会公共利益的，裁定不予执行。"

下列情形经人民法院审查属实的，应当认定为《民事诉讼法》第244条第2款第2项规定的"裁决的事项不属于仲裁协议的范围或者仲裁机构无权仲裁的"情形：（1）裁决的事项超出仲裁协议约定的范围；（2）裁决的事项属于依照法律规定或者当事人选择的仲裁规则规定的不可仲裁事项；（3）裁决内容超出当事人仲裁请求的范围；（4）作出裁决的仲裁机构非仲裁协议所约定。

违反仲裁法规定的仲裁程序、当事人选择的仲裁规则或者当事人对仲裁程序的特别约定，可能影响案件公正裁决，经人民法院审查属实的，应当认定为《民事诉讼法》第244条第2款第3项规定的"仲裁庭的组成或者仲裁的程序违反法定程序的"情形。

符合下列条件的，人民法院应当认定为《民事诉讼法》第244条第2款第4项规定的"裁决所根据的证据是伪造的"情形：（1）该证据已被仲裁裁决采信；（2）该证据属于认定案件基本事实的主要证据；（3）该证据经查明确属通过捏造、变造、提供虚假证明等非法方式形成或者获取，违反证据的客观性、关联性、合法性要求。

符合下列条件的，人民法院应当认定为《民事诉讼法》第244条第2款第5项规定的"对方当事人向仲裁机构隐瞒了足以影响公正裁决的证据的"情形：（1）该证据属于认定案件基本事实的主要证据；（2）该证据仅为对方当事人掌握，但未向仲裁庭提交；（3）仲裁过程中知悉存在该证据，且要求对方当事人出示或者请求仲裁庭责令其提交，但对方当事人无正当理由未予出示或者提交。

仲裁裁决或者仲裁调解书执行内容具有下列情形之一导致无法执行的，人民法院可以裁定驳回执行申请；导致部分无法执行的，可以裁定驳回该部分的执行申请；导致部分无法执行且该部分与其他部分不可分的，可以裁定驳回执行申请。（1）权利义务主体不明确。（2）金钱给付具体数额不明确或者计算方法不明确导致无法计算出具体数额。（3）交付的特定物不明确或者无法确定。（4）行为履行的标准、对象、范围不明确；仲裁裁决或者仲裁调解书仅确定继续履行合同，但对继续履行的权利义务，以及履行的方式、期限等具体内容不明确，导致无法执行的，依照上述规定处理。

被执行人向人民法院申请不予执行仲裁裁决的，应当在执行通知书送达之日起15日内提出书面申请；有《民事诉讼法》第244第2款第4项、第6项规定情形且执行程序尚未终结的，应当自知道或者应当知道有关事实或案件之日起15日内提出书面申请。本条上述规定期限届满前，被执行人已向有管辖权的人民法院申请撤销仲裁裁决且已被受理的，自人民法院驳回撤销仲裁裁决申请的裁判文书生效之日起重新计算期限。

▶条文参见

《最高人民法院关于适用〈中华人民共和国仲裁法〉若干问题的解释》第26-28条；《最高人民法院关于人民法院办理仲裁裁决执行案件若干问题的规定》；《最高人民法院关于仲裁机构"先予仲裁"裁决或者调解书立案、执行等法律适用问题的批复》

第六十四条　仲裁裁决的执行中止、终结与恢复

一方当事人申请执行裁决，另一方当事人申请撤销裁决的，人民法院应当裁定中止执行。

人民法院裁定撤销裁决的，应当裁定终结执行。撤销裁决的申请被裁定驳回的，人民法院应当裁定恢复执行。

▶理解与适用

被执行人申请撤销仲裁裁决并已由人民法院受理的，或者被执行人、案外人对仲裁裁决执行案件提出不予执行申请并提供适当担保的，执行法院应当裁定中止执行。中止执行期间，人民法院应当停止处分性措施，但申请执行人提供充分、有效的担保请求继续执行的除外；执行标的查封、扣押、冻结期限届满前，人民法院可以根据当事人申请或者依职权办理续行查封、扣押、冻结手续。

▶条文参见

《民事诉讼法》第263条、第264条；《最高人民法院关于人民法院办理仲裁裁决执行案件若干问题的规定》第7条

第七章　涉外仲裁的特别规定

第六十五条　涉外仲裁的法律适用

涉外经济贸易、运输和海事中发生的纠纷的仲裁，适用本章规定。本章没有规定的，适用本法其他有关规定。

▶理解与适用

涉外经济贸易、运输和海事中发生的纠纷，当事人在合同中订有仲裁条款或者事后达成书面仲裁协议，提交中华人民共和国涉外仲裁机构或者其他仲裁机构仲裁的，当事人不得向人民法院起诉。

当事人在合同中没有订有仲裁条款或者事后没有达成书面仲裁协议的，可以向人民法院起诉。

有下列情形之一的，人民法院裁定终结执行：（1）申请人撤销

申请的；(2)据以执行的法律文书被撤销的；(3)作为被执行人的公民死亡，无遗产可供执行，又无义务承担人的；(4)追索赡养费、扶养费、抚养费案件的权利人死亡的；(5)作为被执行人的公民因生活困难无力偿还借款，无收入来源，又丧失劳动能力的；(6)人民法院认为应当终结执行的其他情形。

另外，依据《最高人民法院关于神华煤炭运销公司与马瑞尼克船务公司确认之诉仲裁条款问题的请示的复函》(2013年2月4日，〔2013〕民四他字第4号)的规定，《最高人民法院关于适用〈中华人民共和国仲裁法〉若干问题的解释》第13条系针对《仲裁法》第20条作出的司法解释。《仲裁法》第20条所指的仲裁委员会系依据《仲裁法》第10条和第66条设立的仲裁委员会，并不包括外国仲裁机构。故《最高人民法院关于适用〈中华人民共和国仲裁法〉若干问题的解释》第13条的规定并不适用于外国仲裁机构对仲裁协议效力作出认定的情形。

▶条文参见

《民事诉讼法》第278-282条

第六十六条　涉外仲裁委员会的设立

涉外仲裁委员会可以由中国国际商会组织设立。

涉外仲裁委员会由主任一人、副主任若干人和委员若干人组成。

涉外仲裁委员会的主任、副主任和委员可以由中国国际商会聘任。

▶理解与适用

我国的常设涉外仲裁委员会有两个，即中国国际经济贸易仲裁委员会和中国海事仲裁委员会，均隶属于中国国际商会。

[中国国际经济贸易仲裁委员会]

中国国际经济贸易仲裁委员会，原名中国国际贸易促进委员会对外贸易仲裁委员会、中国国际贸易促进委员会对外经济贸易仲裁委员会，同时使用"中国国际商会仲裁院"名称。当事人在仲裁协议中订明由中国国际贸易促进委员会/中国国际商会仲裁，或由中国国际贸易促进委员会/中国国际商会的仲裁委员会或仲裁院仲裁的，或使用仲裁委员会原名称为仲裁机构的，均视为同意由中国国际经济贸易仲裁委员会仲裁。

中国国际经济贸易仲裁委员会根据当事人的约定受理契约性或非契约性的经济贸易等争议案件。案件包括：（1）国际或涉外争议案件；（2）涉及香港特别行政区、澳门特别行政区及台湾地区的争议案件；（3）国内争议案件。

[中国海事仲裁委员会]

中国海事仲裁委员会，原名中国国际贸易促进委员会海事仲裁委员会。当事人在仲裁协议中订明由中国国际贸易促进委员会／中国国际商会的海事仲裁委员会仲裁的，或使用仲裁委员会原名称为仲裁机构的，视为同意由中国海事仲裁委员会仲裁。

中国海事仲裁委员会根据当事人的约定受理下列争议案件：（1）海事、海商争议案件；（2）航空、铁路、公路等交通运输争议案件；（3）贸易、投资、金融、保险、建设工程争议案件；（4）当事人协议由仲裁委员会仲裁的其他争议案件。前述案件包括：（1）国际或涉外案件；（2）涉及香港特别行政区、澳门特别行政区及台湾地区的案件；（3）国内案件。

▶条文参见

《中国国际经济贸易仲裁委员会仲裁规则》第3条；《中国海事仲裁委员会仲裁规则》第3条

第六十七条　涉外仲裁委员会仲裁员的聘任

涉外仲裁委员会可以从具有法律、经济贸易、科学技术等专门知识的外籍人士中聘任仲裁员。

第六十八条　涉外仲裁的证据保全

涉外仲裁的当事人申请证据保全的，涉外仲裁委员会应当将当事人的申请提交证据所在地的中级人民法院。

▶理解与适用

当事人申请采取保全的,中华人民共和国的涉外仲裁机构应当将当事人的申请,提交被申请人住所地或者财产所在地的中级人民法院裁定。

▶条文参见

《中国国际经济贸易仲裁委员会仲裁规则》第23条;《中国海事仲裁委员会仲裁规则》第24条

第六十九条　涉外仲裁的开庭笔录与笔录要点

涉外仲裁的仲裁庭可以将开庭情况记入笔录,或者作出笔录要点,笔录要点可以由当事人和其他仲裁参与人签字或者盖章。

第七十条　涉外仲裁裁决的撤销

当事人提出证据证明涉外仲裁裁决有民事诉讼法第二百五十八条第一款规定的情形之一的,经人民法院组成合议庭审查核实,裁定撤销。

▶理解与适用

[申请撤销涉外仲裁裁决的情形]

本条中"民事诉讼法第二百五十八条第一款",对应2021年12月24日修改的《民事诉讼法》第281条第1款。该款规定:"对中华人民共和国涉外仲裁机构作出的裁决,被申请人提出证据证明仲裁裁决有下列情形之一的,经人民法院组成合议庭审查核实,裁定不予执行:(1)当事人在合同中没有订有仲裁条款或者事后没有达成书面仲裁协议的;(2)被申请人没有得到指定仲裁员或者进行仲裁程序的通知,或者由于其他不属于被申请人负责的原因未能陈述意见的;(3)仲裁庭的组成或者仲裁的程序与仲裁规则不符的;(4)裁决的事项不属于仲裁协议的范围或者仲裁机构无权仲裁的。"

[申请撤销涉外仲裁裁决的程序]

凡一方当事人按照《仲裁法》的规定向人民法院申请撤销我国涉外仲裁裁决,如果人民法院经审查认为涉外仲裁裁决具有《民事诉讼法》第281条第1款规定的情形之一的,在裁定撤销裁决或通知仲裁重新仲裁之前，须报请本辖区所属高级人民法院进行审查。如果高级人民法院同意撤销裁决或通知仲裁庭重新仲裁，应将其审查意见报最高人民法院。待最高人民法院答复后，方可裁定撤销裁决或通知仲裁庭重新仲裁。受理申请撤销裁决的人民法院如认为应予撤销裁决或通知仲裁庭重新仲裁的，应在受理申请后30日内报其所属的高级人民法院，该高级人民法院如同意撤销裁决或通知仲裁庭重新仲裁的，应在15日内报最高人民法院，以严格执行《仲裁法》第60条的规定。

▶条文参见

《最高人民法院关于人民法院撤销涉外仲裁裁决有关事项的通知》

第七十一条　涉外仲裁裁决的不予执行

被申请人提出证据证明涉外仲裁裁决有民事诉讼法第二百五十八条第一款规定的情形之一的，经人民法院组成合议庭审查核实，裁定不予执行。

▶理解与适用

[裁定不予执行的情形]

本条中"民事诉讼法第二百五十八条第一款"，对应2021年12月24日修改的《民事诉讼法》第281条第1款。该款规定："对中华人民共和国涉外仲裁机构作出的裁决，被申请人提出证据证明仲裁裁决有下列情形之一的，经人民法院组成合议庭审查核实，裁定不予执行：（1）当事人在合同中没有订有仲裁条款或者事后没有达成书面仲裁协议的；（2）被申请人没有得到指定仲裁员或者进行仲裁程序的通知，或者由于其他不属于被申请人负责的原因未能陈述意见的；（3）仲裁庭的组成或者仲裁的程序与仲裁规则不符的；（4）裁决的事项不属于仲裁协议的范围或者仲裁机构无权仲裁的。"人民法院认定执行该裁决违背社会公共利益的，裁定不予执行。

[裁定不予执行的救济途径]

仲裁裁决被人民法院裁定不予执行的，当事人可以根据双方达成的书面仲裁协议重新申请仲裁，也可以向人民法院起诉。

[裁定不予执行的程序]

凡起诉到人民法院的涉外、涉港澳和涉台经济、海事海商纠纷案件，如果当事人在合同中订有仲裁条款或者事后达成仲裁协议，人民法院认为该仲裁条款或者仲裁协议无效、失效或者内容不明确无法执行的，在决定受理一方当事人起诉之前，必须报请本辖区所属高级人民法院进行审查；如果高级人民法院同意受理，应将其审查意见报最高人民法院。在最高人民法院未作答复前，可暂不予受理。

凡一方当事人向人民法院申请执行我国涉外仲裁机构裁决，或者向人民法院申请承认和执行外国仲裁机构的裁决，如果人民法院认为我国涉外仲裁机构裁决具有《民事诉讼法》第281条第1款情形之一的，或者申请承认和执行的外国仲裁裁决不符合我国参加的国际公约的规定或者不符合互惠原则的，在裁定不予执行或者拒绝承认和执行之前，必须报请本辖区所属高级人民法院进行审查；如果高级人民法院同意不予执行或者拒绝承认和执行，应将其审查意见报最高人民法院。待最高人民法院答复后，方可裁定不予执行或者拒绝承认和执行。

▶条文参见

《民事诉讼法》第281条、第282条；《最高人民法院关于人民法院处理与涉外仲裁及外国仲裁事项有关问题的通知》

第七十二条　涉外仲裁裁决的执行

涉外仲裁委员会作出的发生法律效力的仲裁裁决，当事人请求执行的，如果被执行人或者其财产不在中华人民共和国领域内，应当由当事人直接向有管辖权的外国法院申请承认和执行。

▶典型案例指引

上海某机械制造有限公司与瑞士某公司仲裁裁决执行复议案（2014年12月18日最高人民法院指导案例第37号）

案件适用要点：当事人向我国法院申请执行发生法律效力的涉外仲裁裁决，发现被申请执行人或者其财产在我国领域内的，我国法院即对该案具有执行管辖权。当事人申请法院强制执行的时效期间，应当自发现被申请执行人或者其财产在我国领域内之日起算。

▶条文参见

《承认及执行外国仲裁裁决公约》;《民事诉讼法》第280-282条、第287条

第七十三条　涉外仲裁规则

涉外仲裁规则可以由中国国际商会依照本法和民事诉讼法的有关规定制定。

▶理解与适用

我国的两个涉外仲裁机构,即中国国际经济贸易仲裁委员会和中国海事仲裁委员会,它们各自的仲裁规则是由中国国际商会统一制定的,分别称为《中国国际经济贸易仲裁委员会仲裁规则》和《中国海事仲裁委员会仲裁规则》。

第八章　附　则

第七十四条　仲裁时效

法律对仲裁时效有规定的,适用该规定。法律对仲裁时效没有规定的,适用诉讼时效的规定。

▶理解与适用

仲裁时效,是指达成仲裁协议的双方当事人于一定期间不行使请求协议约定的仲裁机构对其争议进行仲裁的权利,该期间届满后即丧失请求仲裁权利的制度。

在适用仲裁时效时,应注意以下几个问题:(1)仲裁时效期间届满后,义务人拒绝履行义务的,权利人不能通过仲裁程序强制追索。(2)权利人的实体权利并不因仲裁时效的届满而消灭。即仲裁时效届满后,义务人自愿履行义务的,权利人仍然有权受领,这种权利通常称为自然权利。(3)超过仲裁时效的,权利人仍可以向仲裁机构申请仲裁,仲裁机构应予以受理,但受理后查明无中止、中断、延长事由的,驳回权利人的仲裁请求。

▶条文参见

《民法典》第一编第九章；《最高人民法院关于审理民事案件适用诉讼时效制度若干问题的规定》

第七十五条　仲裁暂行规则的制定

中国仲裁协会制定仲裁规则前，仲裁委员会依照本法和民事诉讼法的有关规定可以制定仲裁暂行规则。

▶理解与适用

国内仲裁目前没有统一的仲裁规则，各仲裁委员会根据《仲裁委员会仲裁暂行规则示范文本》制定了仲裁暂行规则。主要内容包括：仲裁管辖，仲裁组织，仲裁申请和答辩、反请求程序，仲裁庭组成程序，审理程序，裁决程序，以及在相应程序中仲裁委员会、仲裁员和纠纷当事人的权利义务，等等。另外，还有关于使用语言、翻译、文书往来送达、仲裁费用的收取等方面的内容。

第七十六条　仲裁费用

当事人应当按照规定交纳仲裁费用。
收取仲裁费用的办法，应当报物价管理部门核准。

▶理解与适用

当事人申请仲裁，应当按照规定向仲裁委员会交纳仲裁费用，仲裁费用包括案件受理费和案件处理费。

[案件受理费]

申请人应当自收到仲裁委员会受理通知书之日起15日内，按照仲裁案件受理费表的规定预交案件受理费。被申请人在提出反请求的同时，应当按照仲裁案件受理费表的规定预交案件受理费。仲裁案件受理费的具体标准由仲裁委员会在仲裁案件受理费表规定的幅度内确定，并报仲裁委员会所在地的省、自治区、直辖市人民政府物价管理部门核准。仲裁案件受理费表中的争议金额，以申请人请求的数额为准；请求的数额与实际争议金额不一致的，以实际争议金额为准。申请仲裁时争议金额未确定的，由仲裁委员会根据争议所涉及权益的具体情况确定预先收取的案件受理费数额。当事人预交案件受理费确有困难的，由当事人提出申请，经仲裁委员会批准，可以缓交。当事人在规定的期限内不预交案件受理费，又不提出缓交申请的，视为撤回仲裁申请。

[案件处理费]

案件处理费包括：（1）仲裁员因办理仲裁案件出差、开庭而支出的食宿费、交通费及其他合理费用；（2）证人、鉴定人、翻译人员等因出庭而支出的食宿费、交通费、误工补贴；（3）咨询、鉴定、勘验、翻译等费用；（4）复制、送达案件材料、文书的费用；（5）其他应当由当事人承担的合理费用。上述第2项、第3项规定的案件处理费，由提出申请的一方当事人预付。案件处理费的收费标准按照国家有关规定执行；国家没有规定的，按照合理的实际支出收取。

▶条文参见

《仲裁委员会仲裁收费办法》第2-8条

第七十七条　本法适用的例外

劳动争议和农业集体经济组织内部的农业承包合同纠纷的仲裁，另行规定。

▶理解与适用

目前我国有关劳动争议纠纷的仲裁，适用《劳动争议调解仲裁法》的规定；有关农业集体经济组织内部的农业承包合同纠纷的仲裁，适用《农村土地承包经营纠纷调解仲裁法》等法律的规定。

第七十八条　本法施行前制定的有关仲裁的规定的效力

本法施行前制定的有关仲裁的规定与本法的规定相抵触的，以本法为准。

第七十九条　本法施行前后仲裁机构的衔接与过渡

本法施行前在直辖市、省、自治区人民政府所在地的市和其他设区的市设立的仲裁机构，应当依照本法的有关规定重新组建；未重新组建的，自本法施行之日起届满一年时终止。

本法施行前设立的不符合本法规定的其他仲裁机构，自本法施行之日起终止。

第八十条　施行日期

本法自 1995 年 9 月 1 日起施行。

实用核心法规

中华人民共和国民法典（节录）

（2020年5月28日第十三届全国人民代表大会第三次会议通过 2020年5月28日中华人民共和国主席令第45号公布 自2021年1月1日起施行）

第一编 总 则

第一章 基本规定

第一条 【立法目的和依据】为了保护民事主体的合法权益，调整民事关系，维护社会和经济秩序，适应中国特色社会主义发展要求，弘扬社会主义核心价值观，根据宪法，制定本法。

第二条 【调整范围】民法调整平等主体的自然人、法人和非法人组织之间的人身关系和财产关系。

第三条 【民事权利及其他合法权益受法律保护】民事主体的人身权利、财产权利以及其他合法权益受法律保护，任何组织或者个人不得侵犯。

第四条 【平等原则】民事主体在民事活动中的法律地位一律平等。

第五条 【自愿原则】民事主体从事民事活动，应当遵循自愿原则，按照自己的意思设立、变更、终止民事法律关系。

第六条 【公平原则】民事主体从事民事活动，应当遵循公平原则，合理确定各方的权利和义务。

第七条 【诚信原则】民事主体从事民事活动，应当遵循诚信原则，秉持诚实，恪守承诺。

第八条 【守法与公序良俗原则】民事主体从事民事活动，不得违反法律，不得违背公序良俗。

第九条 【绿色原则】民事主体从事民事活动，应当有利于节约资源、保护生态环境。

第十条 【处理民事纠纷的依据】处理民事纠纷，应当依照法律；法律没有规定的，可以适用习惯，但是不得违背公序良俗。

第十一条 【特别法优先】其他法律对民事关系有特别规定的，依照其规定。

第十二条 【民法的效力范围】中华人民共和国领域内的民事活动,适用中华人民共和国法律。法律另有规定的,依照其规定。

第二章 自 然 人

第一节 民事权利能力和民事行为能力

第十三条 【自然人民事权利能力的起止时间】自然人从出生时起到死亡时止,具有民事权利能力,依法享有民事权利,承担民事义务。

第十四条 【民事权利能力平等】自然人的民事权利能力一律平等。

第十五条 【出生和死亡时间的认定】自然人的出生时间和死亡时间,以出生证明、死亡证明记载的时间为准;没有出生证明、死亡证明的,以户籍登记或者其他有效身份登记记载的时间为准。有其他证据足以推翻以上记载时间的,以该证据证明的时间为准。

第十六条 【胎儿利益保护】涉及遗产继承、接受赠与等胎儿利益保护的,胎儿视为具有民事权利能力。但是,胎儿娩出时为死体的,其民事权利能力自始不存在。

第十七条 【成年时间】十八周岁以上的自然人为成年人。不满十八周岁的自然人为未成年人。

第十八条 【完全民事行为能力人】成年人为完全民事行为能力人,可以独立实施民事法律行为。

十六周岁以上的未成年人,以自己的劳动收入为主要生活来源的,视为完全民事行为能力人。

第十九条 【限制民事行为能力的未成年人】八周岁以上的未成年人为限制民事行为能力人,实施民事法律行为由其法定代理人代理或者经其法定代理人同意、追认;但是,可以独立实施纯获利益的民事法律行为或者与其年龄、智力相适应的民事法律行为。

第二十条 【无民事行为能力的未成年人】不满八周岁的未成年人为无民事行为能力人,由其法定代理人代理实施民事法律行为。

第二十一条 【无民事行为能力的成年人】不能辨认自己行为的成年人为无民事行为能力人,由其法定代理人代理实施民事法律行为。

八周岁以上的未成年人不能辨认自己行为的,适用前款规定。

第二十二条 【限制民事行为能力的成年人】不能完全辨认自己行为的成年人为限制民事行为能力人,实施民事法律行为由其法定代理人代理或者经其法定代理人同意、追认;但是,可以独立实施纯获利益的民事法律行为或者与其智力、精神健康状况相适应的民事法律行为。

第二十三条 【非完全民事行为能力人的法定代理人】无民事行为能力人、限制民事行为能力人的监护人是其法定代理人。

第二十四条 【民事行为能力的认定及恢复】不能辨认或者不能完全辨认自己行为的成年人，其利害关系人或者有关组织，可以向人民法院申请认定该成年人为无民事行为能力人或者限制民事行为能力人。

被人民法院认定为无民事行为能力人或者限制民事行为能力人的，经本人、利害关系人或者有关组织申请，人民法院可以根据其智力、精神健康恢复的状况，认定该成年人恢复为限制民事行为能力人或者完全民事行为能力人。

本条规定的有关组织包括：居民委员会、村民委员会、学校、医疗机构、妇女联合会、残疾人联合会、依法设立的老年人组织、民政部门等。

第二十五条 【自然人的住所】自然人以户籍登记或者其他有效身份登记记载的居所为住所；经常居所与住所不一致的，经常居所视为住所。

第二节 监 护

第二十六条 【父母子女之间的法律义务】父母对未成年子女负有抚养、教育和保护的义务。

成年子女对父母负有赡养、扶助和保护的义务。

第二十七条 【未成年人的监护人】父母是未成年子女的监护人。

未成年人的父母已经死亡或者没有监护能力的，由下列有监护能力的人按顺序担任监护人：

（一）祖父母、外祖父母；

（二）兄、姐；

（三）其他愿意担任监护人的个人或者组织，但是须经未成年人住所地的居民委员会、村民委员会或者民政部门同意。

第二十八条 【非完全民事行为能力成年人的监护人】无民事行为能力或者限制民事行为能力的成年人，由下列有监护能力的人按顺序担任监护人：

（一）配偶；

（二）父母、子女；

（三）其他近亲属；

（四）其他愿意担任监护人的个人或者组织，但是须经被监护人住所地的居民委员会、村民委员会或者民政部门同意。

第二十九条 【遗嘱指定监护】被监护人的父母担任监护人的，可以通过遗嘱指定监护人。

第三十条 【协议确定监护人】依法具有监护资格的人之间可以协议确定监护人。协议确定监护人应当尊重被监护人的真实意愿。

第三十一条　【监护争议解决程序】对监护人的确定有争议的,由被监护人住所地的居民委员会、村民委员会或者民政部门指定监护人,有关当事人对指定不服的,可以向人民法院申请指定监护人;有关当事人也可以直接向人民法院申请指定监护人。

居民委员会、村民委员会、民政部门或者人民法院应当尊重被监护人的真实意愿,按照最有利于被监护人的原则在依法具有监护资格的人中指定监护人。

依据本条第一款规定指定监护人前,被监护人的人身权利、财产权利以及其他合法权益处于无人保护状态的,由被监护人住所地的居民委员会、村民委员会、法律规定的有关组织或者民政部门担任临时监护人。

监护人被指定后,不得擅自变更;擅自变更的,不免除被指定的监护人的责任。

第三十二条　【公职监护人】没有依法具有监护资格的人的,监护人由民政部门担任,也可以由具备履行监护职责条件的被监护人住所地的居民委员会、村民委员会担任。

第三十三条　【意定监护】具有完全民事行为能力的成年人,可以与其近亲属、其他愿意担任监护人的个人或者组织事先协商,以书面形式确定自己的监护人,在自己丧失或者部分丧失民事行为能力时,由该监护人履行监护职责。

第三十四条　【监护职责及临时生活照料】监护人的职责是代理被监护人实施民事法律行为,保护被监护人的人身权利、财产权利以及其他合法权益等。

监护人依法履行监护职责产生的权利,受法律保护。

监护人不履行监护职责或者侵害被监护人合法权益的,应当承担法律责任。

因发生突发事件等紧急情况,监护人暂时无法履行监护职责,被监护人的生活处于无人照料状态的,被监护人住所地的居民委员会、村民委员会或者民政部门应当为被监护人安排必要的临时生活照料措施。

第三十五条　【履行监护职责应遵循的原则】监护人应当按照最有利于被监护人的原则履行监护职责。监护人除为维护被监护人利益外,不得处分被监护人的财产。

未成年人的监护人履行监护职责,在作出与被监护人利益有关的决定时,应当根据被监护人的年龄和智力状况,尊重被监护人的真实意愿。

成年人的监护人履行监护职责,应当最大程度地尊重被监护人的真实意愿,保障并协助被监护人实施与其智力、精神健康状况相适应的民事法律行为。对被监护人有能力独立处理的事务,监护人不得干涉。

第三十六条　【监护人资格的撤销】监护人有下列情形之一的,人民法院根据有关个人或者组织的申请，撤销其监护人资格，安排必要的临时监护措施，并按照最有利于被监护人的原则依法指定监护人：

（一）实施严重损害被监护人身心健康的行为；

（二）怠于履行监护职责，或者无法履行监护职责且拒绝将监护职责部分或者全部委托给他人，导致被监护人处于危困状态；

（三）实施严重侵害被监护人合法权益的其他行为。

本条规定的有关个人、组织包括：其他依法具有监护资格的人，居民委员会、村民委员会、学校、医疗机构、妇女联合会、残疾人联合会、未成年人保护组织、依法设立的老年人组织、民政部门等。

前款规定的个人和民政部门以外的组织未及时向人民法院申请撤销监护人资格的，民政部门应当向人民法院申请。

第三十七条 【监护人资格撤销后的义务】依法负担被监护人抚养费、赡养费、扶养费的父母、子女、配偶等，被人民法院撤销监护人资格后，应当继续履行负担的义务。

第三十八条 【监护人资格的恢复】被监护人的父母或者子女被人民法院撤销监护人资格后，除对被监护人实施故意犯罪的外，确有悔改表现的，经其申请，人民法院可以在尊重被监护人真实意愿的前提下，视情况恢复其监护人资格，人民法院指定的监护人与被监护人的监护关系同时终止。

第三十九条 【监护关系的终止】有下列情形之一的，监护关系终止：

（一）被监护人取得或者恢复完全民事行为能力；

（二）监护人丧失监护能力；

（三）被监护人或者监护人死亡；

（四）人民法院认定监护关系终止的其他情形。

监护关系终止后，被监护人仍然需要监护的，应当依法另行确定监护人。

第三节 宣告失踪和宣告死亡

第四十条 【宣告失踪】自然人下落不明满二年的，利害关系人可以向人民法院申请宣告该自然人为失踪人。

第四十一条 【下落不明的起算时间】自然人下落不明的时间自其失去音讯之日起计算。战争期间下落不明的，下落不明的时间自战争结束之日或者有关机关确定的下落不明之日起计算。

第四十二条 【财产代管人】失踪人的财产由其配偶、成年子女、父母或者其他愿意担任财产代管人的人代管。

代管有争议，没有前款规定的人，或者前款规定的人无代管能力的，由人民法院指定的人代管。

第四十三条 【财产代管人的职责】财产代管人应当妥善管理失踪人的

财产，维护其财产权益。

失踪人所欠税款、债务和应付的其他费用，由财产代管人从失踪人的财产中支付。

财产代管人因故意或者重大过失造成失踪人财产损失的，应当承担赔偿责任。

第四十四条　【财产代管人的变更】 财产代管人不履行代管职责、侵害失踪人财产权益或者丧失代管能力的，失踪人的利害关系人可以向人民法院申请变更财产代管人。

财产代管人有正当理由的，可以向人民法院申请变更财产代管人。

人民法院变更财产代管人的，变更后的财产代管人有权请求原财产代管人及时移交有关财产并报告财产代管情况。

第四十五条　【失踪宣告的撤销】 失踪人重新出现，经本人或者利害关系人申请，人民法院应当撤销失踪宣告。

失踪人重新出现，有权请求财产代管人及时移交有关财产并报告财产代管情况。

第四十六条　【宣告死亡】 自然人有下列情形之一的，利害关系人可以向人民法院申请宣告该自然人死亡：

（一）下落不明满四年；

（二）因意外事件，下落不明满二年。

因意外事件下落不明，经有关机关证明该自然人不可能生存的，申请宣告死亡不受二年时间的限制。

第四十七条　【宣告失踪与宣告死亡申请的竞合】 对同一自然人，有的利害关系人申请宣告死亡，有的利害关系人申请宣告失踪，符合本法规定的宣告死亡条件的，人民法院应当宣告死亡。

第四十八条　【死亡日期的确定】 被宣告死亡的人，人民法院宣告死亡的判决作出之日视为其死亡的日期；因意外事件下落不明宣告死亡的，意外事件发生之日视为其死亡的日期。

第四十九条　【被宣告死亡人实际生存时的行为效力】 自然人被宣告死亡但并未死亡的，不影响该自然人在被宣告死亡期间实施的民事法律行为的效力。

第五十条　【死亡宣告的撤销】 被宣告死亡的人重新出现，经本人或者利害关系人申请，人民法院应当撤销死亡宣告。

第五十一条　【宣告死亡及其撤销后婚姻关系的效力】 被宣告死亡的人的婚姻关系，自死亡宣告之日起消除。死亡宣告被撤销的，婚姻关系自撤销死亡宣告之日起自行恢复。但是，其配偶再婚或者向婚姻登记机关书面声明不愿意恢复的除外。

第五十二条　【死亡宣告撤销后子女被收养的效力】 被宣告死亡的人在

被宣告死亡期间，其子女被他人依法收养的，在死亡宣告被撤销后，不得以未经本人同意为由主张收养行为无效。

第五十三条 【死亡宣告撤销后的财产返还与赔偿责任】被撤销死亡宣告的人有权请求依照本法第六编取得其财产的民事主体返还财产；无法返还的，应当给予适当补偿。

利害关系人隐瞒真实情况，致使他人被宣告死亡而取得其财产的，除应当返还财产外，还应当对由此造成的损失承担赔偿责任。

……

第三章 法　人

第一节 一般规定

第五十七条 【法人的定义】法人是具有民事权利能力和民事行为能力，依法独立享有民事权利和承担民事义务的组织。

第五十八条 【法人的成立】法人应当依法成立。

法人应当有自己的名称、组织机构、住所、财产或者经费。法人成立的具体条件和程序，依照法律、行政法规的规定。

设立法人，法律、行政法规规定须经有关机关批准的，依照其规定。

第五十九条 【法人的民事权利能力和民事行为能力】法人的民事权利能力和民事行为能力，从法人成立时产生，到法人终止时消灭。

第六十条 【法人的民事责任承担】法人以其全部财产独立承担民事责任。

第六十一条 【法定代表人】依照法律或者法人章程的规定，代表法人从事民事活动的负责人，为法人的法定代表人。

法定代表人以法人名义从事的民事活动，其法律后果由法人承受。

法人章程或者法人权力机构对法定代表人代表权的限制，不得对抗善意相对人。

第六十二条 【法定代表人职务行为的法律责任】法定代表人因执行职务造成他人损害的，由法人承担民事责任。

法人承担民事责任后，依照法律或者法人章程的规定，可以向有过错的法定代表人追偿。

第六十三条 【法人的住所】法人以其主要办事机构所在地为住所。依法需要办理法人登记的，应当将主要办事机构所在地登记为住所。

第六十四条 【法人的变更登记】法人存续期间登记事项发生变化的，应当依法向登记机关申请变更登记。

第六十五条 【法人登记的对抗效力】法人的实际情况与登记的事项不一致的,不得对抗善意相对人。

第六十六条 【法人登记公示制度】登记机关应当依法及时公示法人登记的有关信息。

第六十七条 【法人合并、分立后的权利义务承担】法人合并的,其权利和义务由合并后的法人享有和承担。

法人分立的,其权利和义务由分立后的法人享有连带债权,承担连带债务,但是债权人和债务人另有约定的除外。

第六十八条 【法人的终止】有下列原因之一并依法完成清算、注销登记的,法人终止:

(一)法人解散;

(二)法人被宣告破产;

(三)法律规定的其他原因。

法人终止,法律、行政法规规定须经有关机关批准的,依照其规定。

第六十九条 【法人的解散】有下列情形之一的,法人解散:

(一)法人章程规定的存续期间届满或者法人章程规定的其他解散事由出现;

(二)法人的权力机构决议解散;

(三)因法人合并或者分立需要解散;

(四)法人依法被吊销营业执照、登记证书,被责令关闭或者被撤销;

(五)法律规定的其他情形。

第七十条 【法人解散后的清算】法人解散的,除合并或者分立的情形外,清算义务人应当及时组成清算组进行清算。

法人的董事、理事等执行机构或者决策机构的成员为清算义务人。法律、行政法规另有规定的,依照其规定。

清算义务人未及时履行清算义务,造成损害的,应当承担民事责任;主管机关或者利害关系人可以申请人民法院指定有关人员组成清算组进行清算。

第七十一条 【法人清算的法律适用】法人的清算程序和清算组职权,依照有关法律的规定;没有规定的,参照适用公司法律的有关规定。

第七十二条 【清算的法律效果】清算期间法人存续,但是不得从事与清算无关的活动。

法人清算后的剩余财产,按照法人章程的规定或者法人权力机构的决议处理。法律另有规定的,依照其规定。

清算结束并完成法人注销登记时,法人终止;依法不需要办理法人登记的,清算结束时,法人终止。

第七十三条 【法人因破产而终止】法人被宣告破产的,依法进行破产清算并完成法人注销登记时,法人终止。

第七十四条 【法人的分支机构】法人可以依法设立分支机构。法律、行政法规规定分支机构应当登记的，依照其规定。

分支机构以自己的名义从事民事活动，产生的民事责任由法人承担；也可以先以该分支机构管理的财产承担，不足以承担的，由法人承担。

第七十五条 【法人设立行为的法律后果】设立人为设立法人从事的民事活动，其法律后果由法人承受；法人未成立的，其法律后果由设立人承受，设立人为二人以上的，享有连带债权，承担连带债务。

设立人为设立法人以自己的名义从事民事活动产生的民事责任，第三人有权选择请求法人或者设立人承担。

……

第五章 民事权利

第一百零九条 【一般人格权】自然人的人身自由、人格尊严受法律保护。

第一百一十条 【民事主体的人格权】自然人享有生命权、身体权、健康权、姓名权、肖像权、名誉权、荣誉权、隐私权、婚姻自主权等权利。

法人、非法人组织享有名称权、名誉权和荣誉权。

第一百一十一条 【个人信息受法律保护】自然人的个人信息受法律保护。任何组织或者个人需要获取他人个人信息的，应当依法取得并确保信息安全，不得非法收集、使用、加工、传输他人个人信息，不得非法买卖、提供或者公开他人个人信息。

第一百一十二条 【婚姻家庭关系等产生的人身权利】自然人因婚姻家庭关系等产生的人身权利受法律保护。

第一百一十三条 【财产权受法律平等保护】民事主体的财产权利受法律平等保护。

第一百一十四条 【物权的定义及类型】民事主体依法享有物权。

物权是权利人依法对特定的物享有直接支配和排他的权利，包括所有权、用益物权和担保物权。

第一百一十五条 【物权的客体】物包括不动产和动产。法律规定权利作为物权客体的，依照其规定。

第一百一十六条 【物权法定原则】物权的种类和内容，由法律规定。

第一百一十七条 【征收与征用】为了公共利益的需要，依照法律规定的权限和程序征收、征用不动产或者动产的，应当给予公平、合理的补偿。

第一百一十八条 【债权的定义】民事主体依法享有债权。

债权是因合同、侵权行为、无因管理、不当得利以及法律的其他规定，权利人请求特定义务人为或者不为一定行为的权利。

第一百一十九条　【合同之债】依法成立的合同，对当事人具有法律约束力。

第一百二十条　【侵权之债】民事权益受到侵害的，被侵权人有权请求侵权人承担侵权责任。

第一百二十一条　【无因管理之债】没有法定的或者约定的义务，为避免他人利益受损失而进行管理的人，有权请求受益人偿还由此支出的必要费用。

第一百二十二条　【不当得利之债】因他人没有法律根据，取得不当利益，受损失的人有权请求其返还不当利益。

第一百二十三条　【知识产权及其客体】民事主体依法享有知识产权。
知识产权是权利人依法就下列客体享有的专有的权利：
（一）作品；
（二）发明、实用新型、外观设计；
（三）商标；
（四）地理标志；
（五）商业秘密；
（六）集成电路布图设计；
（七）植物新品种；
（八）法律规定的其他客体。

第一百二十四条　【继承权及其客体】自然人依法享有继承权。
自然人合法的私有财产，可以依法继承。

第一百二十五条　【投资性权利】民事主体依法享有股权和其他投资性权利。

第一百二十六条　【其他民事权益】民事主体享有法律规定的其他民事权利和利益。

第一百二十七条　【对数据和网络虚拟财产的保护】法律对数据、网络虚拟财产的保护有规定的，依照其规定。

第一百二十八条　【对弱势群体的特别保护】法律对未成年人、老年人、残疾人、妇女、消费者等的民事权利保护有特别规定的，依照其规定。

第一百二十九条　【民事权利的取得方式】民事权利可以依据民事法律行为、事实行为、法律规定的事件或者法律规定的其他方式取得。

第一百三十条　【权利行使的自愿原则】民事主体按照自己的意愿依法行使民事权利，不受干涉。

第一百三十一条　【权利人的义务履行】民事主体行使权利时，应当履行法律规定的和当事人约定的义务。

第一百三十二条　【禁止权利滥用】民事主体不得滥用民事权利损害国家利益、社会公共利益或者他人合法权益。

第六章 民事法律行为

第一节 一般规定

第一百三十三条 【民事法律行为的定义】民事法律行为是民事主体通过意思表示设立、变更、终止民事法律关系的行为。

第一百三十四条 【民事法律行为的成立】民事法律行为可以基于双方或者多方的意思表示一致成立,也可以基于单方的意思表示成立。

法人、非法人组织依照法律或者章程规定的议事方式和表决程序作出决议的,该决议行为成立。

第一百三十五条 【民事法律行为的形式】民事法律行为可以采用书面形式、口头形式或者其他形式;法律、行政法规规定或者当事人约定采用特定形式的,应当采用特定形式。

第一百三十六条 【民事法律行为的生效】民事法律行为自成立时生效,但是法律另有规定或者当事人另有约定的除外。

行为人非依法律规定或者未经对方同意,不得擅自变更或者解除民事法律行为。

第二节 意思表示

第一百三十七条 【有相对人的意思表示的生效时间】以对话方式作出的意思表示,相对人知道其内容时生效。

以非对话方式作出的意思表示,到达相对人时生效。以非对话方式作出的采用数据电文形式的意思表示,相对人指定特定系统接收数据电文的,该数据电文进入该特定系统时生效;未指定特定系统的,相对人知道或者应当知道该数据电文进入其系统时生效。当事人对采用数据电文形式的意思表示的生效时间另有约定的,按照其约定。

第一百三十八条 【无相对人的意思表示的生效时间】无相对人的意思表示,表示完成时生效。法律另有规定的,依照其规定。

第一百三十九条 【公告的意思表示的生效时间】以公告方式作出的意思表示,公告发布时生效。

第一百四十条 【意思表示的方式】行为人可以明示或者默示作出意思表示。

沉默只有在有法律规定、当事人约定或者符合当事人之间的交易习惯时,才可以视为意思表示。

第一百四十一条 【意思表示的撤回】行为人可以撤回意思表示。撤回意思表示的通知应当在意思表示到达相对人前或者与意思表示同时到达相对人。

第一百四十二条 【意思表示的解释】有相对人的意思表示的解释，应当按照所使用的词句，结合相关条款、行为的性质和目的、习惯以及诚信原则，确定意思表示的含义。

无相对人的意思表示的解释，不能完全拘泥于所使用的词句，而应当结合相关条款、行为的性质和目的、习惯以及诚信原则，确定行为人的真实意思。

第三节 民事法律行为的效力

第一百四十三条 【民事法律行为的有效条件】具备下列条件的民事法律行为有效：

（一）行为人具有相应的民事行为能力；

（二）意思表示真实；

（三）不违反法律、行政法规的强制性规定，不违背公序良俗。

第一百四十四条 【无民事行为能力人实施的民事法律行为】无民事行为能力人实施的民事法律行为无效。

第一百四十五条 【限制民事行为能力人实施的民事法律行为】限制民事行为能力人实施的纯获利益的民事法律行为或者与其年龄、智力、精神健康状况相适应的民事法律行为有效；实施的其他民事法律行为经法定代理人同意或者追认后有效。

相对人可以催告法定代理人自收到通知之日起三十日内予以追认。法定代理人未作表示的，视为拒绝追认。民事法律行为被追认前，善意相对人有撤销的权利。撤销应当以通知的方式作出。

第一百四十六条 【虚假表示与隐藏行为效力】行为人与相对人以虚假的意思表示实施的民事法律行为无效。

以虚假的意思表示隐藏的民事法律行为的效力，依照有关法律规定处理。

第一百四十七条 【重大误解】基于重大误解实施的民事法律行为，行为人有权请求人民法院或者仲裁机构予以撤销。

第一百四十八条 【欺诈】一方以欺诈手段，使对方在违背真实意思的情况下实施的民事法律行为，受欺诈方有权请求人民法院或者仲裁机构予以撤销。

第一百四十九条 【第三人欺诈】第三人实施欺诈行为，使一方在违背真实意思的情况下实施的民事法律行为，对方知道或者应当知道该欺诈行为的，受欺诈方有权请求人民法院或者仲裁机构予以撤销。

第一百五十条 【胁迫】一方或者第三人以胁迫手段，使对方在违背真实意思的情况下实施的民事法律行为，受胁迫方有权请求人民法院或者仲裁机构予以撤销。

第一百五十一条 【乘人之危导致的显失公平】一方利用对方处于危困状态、缺乏判断能力等情形，致使民事法律行为成立时显失公平的，受损害方有权请求人民法院或者仲裁机构予以撤销。

第一百五十二条 【撤销权的消灭期间】有下列情形之一的，撤销权消灭：

（一）当事人自知道或者应当知道撤销事由之日起一年内、重大误解的当事人自知道或者应当知道撤销事由之日起九十日内没有行使撤销权；

（二）当事人受胁迫，自胁迫行为终止之日起一年内没有行使撤销权；

（三）当事人知道撤销事由后明确表示或者以自己的行为表明放弃撤销权。

当事人自民事法律行为发生之日起五年内没有行使撤销权的，撤销权消灭。

第一百五十三条 【违反强制性规定及违背公序良俗的民事法律行为的效力】违反法律、行政法规的强制性规定的民事法律行为无效。但是，该强制性规定不导致该民事法律行为无效的除外。

违背公序良俗的民事法律行为无效。

第一百五十四条 【恶意串通】行为人与相对人恶意串通，损害他人合法权益的民事法律行为无效。

第一百五十五条 【无效或者被撤销民事法律行为自始无效】无效的或者被撤销的民事法律行为自始没有法律约束力。

第一百五十六条 【民事法律行为部分无效】民事法律行为部分无效，不影响其他部分效力的，其他部分仍然有效。

第一百五十七条 【民事法律行为无效、被撤销、不生效力的法律后果】民事法律行为无效、被撤销或者确定不发生效力后，行为人因该行为取得的财产，应当予以返还；不能返还或者没有必要返还的，应当折价补偿。有过错的一方应当赔偿对方由此所受到的损失；各方都有过错的，应当各自承担相应的责任。法律另有规定的，依照其规定。

第四节 民事法律行为的附条件和附期限

第一百五十八条 【附条件的民事法律行为】民事法律行为可以附条件，但是根据其性质不得附条件的除外。附生效条件的民事法律行为，自条件成就时生效。附解除条件的民事法律行为，自条件成就时失效。

第一百五十九条 【条件成就或不成就的拟制】附条件的民事法律行为，当事人为自己的利益不正当地阻止条件成就的，视为条件已经成就；不正当地促成条件成就的，视为条件不成就。

第一百六十条 【附期限的民事法律行为】民事法律行为可以附期限，但是根据其性质不得附期限的除外。附生效期限的民事法律行为，自期限届至时生效。附终止期限的民事法律行为，自期限届满时失效。

第七章 代 理

第一节 一般规定

第一百六十一条 【代理的适用范围】民事主体可以通过代理人实施民事法律行为。

依照法律规定、当事人约定或者民事法律行为的性质，应当由本人亲自实施的民事法律行为，不得代理。

第一百六十二条 【代理的效力】代理人在代理权限内，以被代理人名义实施的民事法律行为，对被代理人发生效力。

第一百六十三条 【代理的类型】代理包括委托代理和法定代理。

委托代理人按照被代理人的委托行使代理权。法定代理人依照法律的规定行使代理权。

第一百六十四条 【不当代理的民事责任】代理人不履行或者不完全履行职责，造成被代理人损害的，应当承担民事责任。

代理人和相对人恶意串通，损害被代理人合法权益的，代理人和相对人应当承担连带责任。

第二节 委托代理

第一百六十五条 【授权委托书】委托代理授权采用书面形式的，授权委托书应当载明代理人的姓名或者名称、代理事项、权限和期限，并由被代理人签名或者盖章。

第一百六十六条 【共同代理】数人为同一代理事项的代理人的，应当共同行使代理权，但是当事人另有约定的除外。

第一百六十七条 【违法代理的责任承担】代理人知道或者应当知道代理事项违法仍然实施代理行为，或者被代理人知道或者应当知道代理人的代理行为违法未作反对表示的，被代理人和代理人应当承担连带责任。

第一百六十八条 【禁止自己代理和双方代理】代理人不得以被代理人的名义与自己实施民事法律行为，但是被代理人同意或者追认的除外。

代理人不得以被代理人的名义与自己同时代理的其他人实施民事法律行为，但是被代理的双方同意或者追认的除外。

第一百六十九条 【复代理】代理人需要转委托第三人代理的，应当取得被代理人的同意或者追认。

转委托代理经被代理人同意或者追认的,被代理人可以就代理事务直接指示转委托的第三人,代理人仅就第三人的选任以及对第三人的指示承担责任。

转委托代理未经被代理人同意或者追认的,代理人应当对转委托的第三人的行为承担责任;但是,在紧急情况下代理人为了维护被代理人的利益需要转委托第三人代理的除外。

第一百七十条　【职务代理】执行法人或者非法人组织工作任务的人员,就其职权范围内的事项,以法人或者非法人组织的名义实施的民事法律行为,对法人或者非法人组织发生效力。

法人或者非法人组织对执行其工作任务的人员职权范围的限制,不得对抗善意相对人。

第一百七十一条　【无权代理】行为人没有代理权、超越代理权或者代理权终止后,仍然实施代理行为,未经被代理人追认的,对被代理人不发生效力。

相对人可以催告被代理人自收到通知之日起三十日内予以追认。被代理人未作表示的,视为拒绝追认。行为人实施的行为被追认前,善意相对人有撤销的权利。撤销应当以通知的方式作出。

行为人实施的行为未被追认的,善意相对人有权请求行为人履行债务或者就其受到的损害请求行为人赔偿。但是,赔偿的范围不得超过被代理人追认时相对人所能获得的利益。

相对人知道或者应当知道行为人无权代理的,相对人和行为人按照各自的过错承担责任。

第一百七十二条　【表见代理】行为人没有代理权、超越代理权或者代理权终止后,仍然实施代理行为,相对人有理由相信行为人有代理权的,代理行为有效。

第三节　代理终止

第一百七十三条　【委托代理的终止】有下列情形之一的,委托代理终止:
(一)代理期限届满或者代理事务完成;
(二)被代理人取消委托或者代理人辞去委托;
(三)代理人丧失民事行为能力;
(四)代理人或者被代理人死亡;
(五)作为代理人或者被代理人的法人、非法人组织终止。

第一百七十四条　【委托代理终止的例外】被代理人死亡后,有下列情形之一的,委托代理人实施的代理行为有效:

（一）代理人不知道且不应当知道被代理人死亡；
（二）被代理人的继承人予以承认；
（三）授权中明确代理权在代理事务完成时终止；
（四）被代理人死亡前已经实施，为了被代理人的继承人的利益继续代理。

作为被代理人的法人、非法人组织终止的，参照适用前款规定。

第一百七十五条 【法定代理的终止】有下列情形之一的，法定代理终止：
（一）被代理人取得或者恢复完全民事行为能力；
（二）代理人丧失民事行为能力；
（三）代理人或者被代理人死亡；
（四）法律规定的其他情形。

第八章 民事责任

第一百七十六条 【民事责任】民事主体依照法律规定或者按照当事人约定，履行民事义务，承担民事责任。

第一百七十七条 【按份责任】二人以上依法承担按份责任，能够确定责任大小的，各自承担相应的责任；难以确定责任大小的，平均承担责任。

第一百七十八条 【连带责任】二人以上依法承担连带责任的，权利人有权请求部分或者全部连带责任人承担责任。

连带责任人的责任份额根据各自责任大小确定；难以确定责任大小的，平均承担责任。实际承担责任超过自己责任份额的连带责任人，有权向其他连带责任人追偿。

连带责任，由法律规定或者当事人约定。

第一百七十九条 【民事责任的承担方式】承担民事责任的方式主要有：
（一）停止侵害；
（二）排除妨碍；
（三）消除危险；
（四）返还财产；
（五）恢复原状；
（六）修理、重作、更换；
（七）继续履行；
（八）赔偿损失；
（九）支付违约金；
（十）消除影响、恢复名誉；

（十一）赔礼道歉。

法律规定惩罚性赔偿的，依照其规定。

本条规定的承担民事责任的方式，可以单独适用，也可以合并适用。

第一百八十条　【不可抗力】因不可抗力不能履行民事义务的，不承担民事责任。法律另有规定的，依照其规定。

不可抗力是不能预见、不能避免且不能克服的客观情况。

第一百八十一条　【正当防卫】因正当防卫造成损害的，不承担民事责任。

正当防卫超过必要的限度，造成不应有的损害的，正当防卫人应当承担适当的民事责任。

第一百八十二条　【紧急避险】因紧急避险造成损害的，由引起险情发生的人承担民事责任。

危险由自然原因引起的，紧急避险人不承担民事责任，可以给予适当补偿。

紧急避险采取措施不当或者超过必要的限度，造成不应有的损害的，紧急避险人应当承担适当的民事责任。

第一百八十三条　【因保护他人民事权益而受损的责任承担】因保护他人民事权益使自己受到损害的，由侵权人承担民事责任，受益人可以给予适当补偿。没有侵权人、侵权人逃逸或者无力承担民事责任，受害人请求补偿的，受益人应当给予适当补偿。

第一百八十四条　【紧急救助的责任豁免】因自愿实施紧急救助行为造成受助人损害的，救助人不承担民事责任。

第一百八十五条　【英雄烈士人格利益的保护】侵害英雄烈士等的姓名、肖像、名誉、荣誉，损害社会公共利益的，应当承担民事责任。

第一百八十六条　【违约责任与侵权责任的竞合】因当事人一方的违约行为，损害对方人身权益、财产权益的，受损害方有权选择请求其承担违约责任或者侵权责任。

第一百八十七条　【民事责任优先】民事主体因同一行为应当承担民事责任、行政责任和刑事责任的，承担行政责任或者刑事责任不影响承担民事责任；民事主体的财产不足以支付的，优先用于承担民事责任。

第九章　诉讼时效

第一百八十八条　【普通诉讼时效】向人民法院请求保护民事权利的诉讼时效期间为三年。法律另有规定的，依照其规定。

诉讼时效期间自权利人知道或者应当知道权利受到损害以及义务人之日起

计算。法律另有规定的，依照其规定。但是，自权利受到损害之日起超过二十年的，人民法院不予保护，有特殊情况的，人民法院可以根据权利人的申请决定延长。

第一百八十九条　【分期履行债务诉讼时效的起算】当事人约定同一债务分期履行的，诉讼时效期间自最后一期履行期限届满之日起计算。

第一百九十条　【对法定代理人请求权诉讼时效的起算】无民事行为能力人或者限制民事行为能力人对其法定代理人的请求权的诉讼时效期间，自该法定代理终止之日起计算。

第一百九十一条　【未成年人遭受性侵害的损害赔偿诉讼时效的起算】未成年人遭受性侵害的损害赔偿请求权的诉讼时效期间，自受害人年满十八周岁之日起计算。

第一百九十二条　【诉讼时效届满的法律效果】诉讼时效期间届满的，义务人可以提出不履行义务的抗辩。

诉讼时效期间届满后，义务人同意履行的，不得以诉讼时效期间届满为由抗辩；义务人已经自愿履行的，不得请求返还。

第一百九十三条　【诉讼时效援用】人民法院不得主动适用诉讼时效的规定。

第一百九十四条　【诉讼时效的中止】在诉讼时效期间的最后六个月内，因下列障碍，不能行使请求权的，诉讼时效中止：

（一）不可抗力；

（二）无民事行为能力人或者限制民事行为能力人没有法定代理人，或者法定代理人死亡、丧失民事行为能力、丧失代理权；

（三）继承开始后未确定继承人或者遗产管理人；

（四）权利人被义务人或者其他人控制；

（五）其他导致权利人不能行使请求权的障碍。

自中止时效的原因消除之日起满六个月，诉讼时效期间届满。

第一百九十五条　【诉讼时效的中断】有下列情形之一的，诉讼时效中断，从中断、有关程序终结时起，诉讼时效期间重新计算：

（一）权利人向义务人提出履行请求；

（二）义务人同意履行义务；

（三）权利人提起诉讼或者申请仲裁；

（四）与提起诉讼或者申请仲裁具有同等效力的其他情形。

第一百九十六条　【不适用诉讼时效的情形】下列请求权不适用诉讼时效的规定：

（一）请求停止侵害、排除妨碍、消除危险；

（二）不动产物权和登记的动产物权的权利人请求返还财产；

（三）请求支付抚养费、赡养费或者扶养费；

（四）依法不适用诉讼时效的其他请求权。

第一百九十七条 【诉讼时效法定】诉讼时效的期间、计算方法以及中止、中断的事由由法律规定，当事人约定无效。

当事人对诉讼时效利益的预先放弃无效。

第一百九十八条 【仲裁时效】法律对仲裁时效有规定的，依照其规定；没有规定的，适用诉讼时效的规定。

第一百九十九条 【除斥期间】法律规定或者当事人约定的撤销权、解除权等权利的存续期间，除法律另有规定外，自权利人知道或者应当知道权利产生之日起计算，不适用有关诉讼时效中止、中断和延长的规定。存续期间届满，撤销权、解除权等权利消灭。

第十章 期间计算

第二百条 【期间的计算单位】民法所称的期间按照公历年、月、日、小时计算。

第二百零一条 【期间的起算】按照年、月、日计算期间的，开始的当日不计入，自下一日开始计算。

按照小时计算期间的，自法律规定或者当事人约定的时间开始计算。

第二百零二条 【期间结束】按照年、月计算期间的，到期月的对应日为期间的最后一日；没有对应日的，月末日为期间的最后一日。

第二百零三条 【期间计算的特殊规定】期间的最后一日是法定休假日的，以法定休假日结束的次日为期间的最后一日。

期间的最后一日的截止时间为二十四时；有业务时间的，停止业务活动的时间为截止时间。

第二百零四条 【期间法定或约定】期间的计算方法依照本法的规定，但是法律另有规定或者当事人另有约定的除外。

……

第三编 合 同

第一分编 通 则

第一章 一般规定

第四百六十三条 【合同编的调整范围】本编调整因合同产生的民事

关系。

第四百六十四条 【合同的定义及身份关系协议的法律适用】合同是民事主体之间设立、变更、终止民事法律关系的协议。

婚姻、收养、监护等有关身份关系的协议，适用有关身份关系的法律规定；没有规定的，可以根据其性质参照适用本编规定。

第四百六十五条 【依法成立的合同受法律保护及合同相对性原则】依法成立的合同，受法律保护。

依法成立的合同，仅对当事人具有法律约束力，但是法律另有规定的除外。

第四百六十六条 【合同的解释规则】当事人对合同条款的理解有争议的，应当依据本法第一百四十二条第一款的规定，确定争议条款的含义。

合同文本采用两种以上文字订立并约定具有同等效力的，对各文本使用的词句推定具有相同含义。各文本使用的词句不一致的，应当根据合同的相关条款、性质、目的以及诚信原则等予以解释。

第四百六十七条 【非典型合同及特定涉外合同的法律适用】本法或者其他法律没有明文规定的合同，适用本编通则的规定，并可以参照适用本编或者其他法律最相类似合同的规定。

在中华人民共和国境内履行的中外合资经营企业合同、中外合作经营企业合同、中外合作勘探开发自然资源合同，适用中华人民共和国法律。

第四百六十八条 【非合同之债的法律适用】非因合同产生的债权债务关系，适用有关该债权债务关系的法律规定；没有规定的，适用本编通则的有关规定，但是根据其性质不能适用的除外。

第二章 合同的订立

第四百六十九条 【合同形式】当事人订立合同，可以采用书面形式、口头形式或者其他形式。

书面形式是合同书、信件、电报、电传、传真等可以有形地表现所载内容的形式。

以电子数据交换、电子邮件等方式能够有形地表现所载内容，并可以随时调取查用的数据电文，视为书面形式。

第四百七十条 【合同主要条款及示范文本】合同的内容由当事人约定，一般包括下列条款：

（一）当事人的姓名或者名称和住所；

（二）标的；

（三）数量；

（四）质量；
（五）价款或者报酬；
（六）履行期限、地点和方式；
（七）违约责任；
（八）解决争议的方法。
当事人可以参照各类合同的示范文本订立合同。

第四百七十一条　【订立合同的方式】当事人订立合同，可以采取要约、承诺方式或者其他方式。

第四百七十二条　【要约的定义及其构成】要约是希望与他人订立合同的意思表示，该意思表示应当符合下列条件：
（一）内容具体确定；
（二）表明经受要约人承诺，要约人即受该意思表示约束。

第四百七十三条　【要约邀请】要约邀请是希望他人向自己发出要约的表示。拍卖公告、招标公告、招股说明书、债券募集办法、基金招募说明书、商业广告和宣传、寄送的价目表等为要约邀请。
商业广告和宣传的内容符合要约条件的，构成要约。

第四百七十四条　【要约的生效时间】要约生效的时间适用本法第一百三十七条的规定。

第四百七十五条　【要约的撤回】要约可以撤回。要约的撤回适用本法第一百四十一条的规定。

第四百七十六条　【要约不得撤销情形】要约可以撤销，但是有下列情形之一的除外：
（一）要约人以确定承诺期限或者其他形式明示要约不可撤销；
（二）受要约人有理由认为要约是不可撤销的，并已经为履行合同做了合理准备工作。

第四百七十七条　【要约撤销条件】撤销要约的意思表示以对话方式作出的，该意思表示的内容应当在受要约人作出承诺之前为受要约人所知道；撤销要约的意思表示以非对话方式作出的，应当在受要约人作出承诺之前到达受要约人。

第四百七十八条　【要约失效】有下列情形之一的，要约失效：
（一）要约被拒绝；
（二）要约被依法撤销；
（三）承诺期限届满，受要约人未作出承诺；
（四）受要约人对要约的内容作出实质性变更。

第四百七十九条　【承诺的定义】承诺是受要约人同意要约的意思表示。

第四百八十条　【承诺的方式】承诺应当以通知的方式作出；但是，根据交易习惯或者要约表明可以通过行为作出承诺的除外。

第四百八十一条 【承诺的期限】承诺应当在要约确定的期限内到达要约人。

要约没有确定承诺期限的，承诺应当依照下列规定到达：

（一）要约以对话方式作出的，应当即时作出承诺；

（二）要约以非对话方式作出的，承诺应当在合理期限内到达。

第四百八十二条 【承诺期限的起算】要约以信件或者电报作出的，承诺期限自信件载明的日期或者电报交发之日开始计算。信件未载明日期的，自投寄该信件的邮戳日期开始计算。要约以电话、传真、电子邮件等快速通讯方式作出的，承诺期限自要约到达受要约人时开始计算。

第四百八十三条 【合同成立时间】承诺生效时合同成立，但是法律另有规定或者当事人另有约定的除外。

第四百八十四条 【承诺生效时间】以通知方式作出的承诺，生效的时间适用本法第一百三十七条的规定。

承诺不需要通知的，根据交易习惯或者要约的要求作出承诺的行为时生效。

第四百八十五条 【承诺的撤回】承诺可以撤回。承诺的撤回适用本法第一百四十一条的规定。

第四百八十六条 【逾期承诺及效果】受要约人超过承诺期限发出承诺，或者在承诺期限内发出承诺，按照通常情形不能及时到达要约人的，为新要约；但是，要约人及时通知受要约人该承诺有效的除外。

第四百八十七条 【迟到的承诺】受要约人在承诺期限内发出承诺，按照通常情形能够及时到达要约人，但是因其他原因致使承诺到达要约人时超过承诺期限的，除要约人及时通知受要约人因承诺超过期限不接受该承诺外，该承诺有效。

第四百八十八条 【承诺对要约内容的实质性变更】承诺的内容应当与要约的内容一致。受要约人对要约的内容作出实质性变更的，为新要约。有关合同标的、数量、质量、价款或者报酬、履行期限、履行地点和方式、违约责任和解决争议方法等的变更，是对要约内容的实质性变更。

第四百八十九条 【承诺对要约内容的非实质性变更】承诺对要约的内容作出非实质性变更的，除要约人及时表示反对或者要约表明承诺不得对要约的内容作出任何变更外，该承诺有效，合同的内容以承诺的内容为准。

第四百九十条 【采用书面形式订立合同的成立时间】当事人采用合同书形式订立合同的，自当事人均签名、盖章或者按指印时合同成立。在签名、盖章或者按指印之前，当事人一方已经履行主要义务，对方接受时，该合同成立。

法律、行政法规规定或者当事人约定合同应当采用书面形式订立，当事人未采用书面形式但是一方已经履行主要义务，对方接受时，该合同成立。

第四百九十一条 【签订确认书的合同及电子合同成立时间】当事人采用信件、数据电文等形式订立合同要求签订确认书的，签订确认书时合同成立。

当事人一方通过互联网等信息网络发布的商品或者服务信息符合要约条件的，对方选择该商品或者服务并提交订单成功时合同成立，但是当事人另有约定的除外。

第四百九十二条 【合同成立的地点】承诺生效的地点为合同成立的地点。

采用数据电文形式订立合同的，收件人的主营业地为合同成立的地点；没有主营业地的，其住所地为合同成立的地点。当事人另有约定的，按照其约定。

第四百九十三条 【采用合同书订立合同的成立地点】当事人采用合同书形式订立合同的，最后签名、盖章或者按指印的地点为合同成立的地点，但是当事人另有约定的除外。

第四百九十四条 【强制缔约义务】国家根据抢险救灾、疫情防控或者其他需要下达国家订货任务、指令性任务的，有关民事主体之间应当依照有关法律、行政法规规定的权利和义务订立合同。

依照法律、行政法规的规定负有发出要约义务的当事人，应当及时发出合理的要约。

依照法律、行政法规的规定负有作出承诺义务的当事人，不得拒绝对方合理的订立合同要求。

第四百九十五条 【预约合同】当事人约定在将来一定期限内订立合同的认购书、订购书、预订书等，构成预约合同。

当事人一方不履行预约合同约定的订立合同义务的，对方可以请求其承担预约合同的违约责任。

第四百九十六条 【格式条款】格式条款是当事人为了重复使用而预先拟定，并在订立合同时未与对方协商的条款。

采用格式条款订立合同的，提供格式条款的一方应当遵循公平原则确定当事人之间的权利和义务，并采取合理的方式提示对方注意免除或者减轻其责任等与对方有重大利害关系的条款，按照对方的要求，对该条款予以说明。提供格式条款的一方未履行提示或者说明义务，致使对方没有注意或者理解与其有重大利害关系的条款的，对方可以主张该条款不成为合同的内容。

第四百九十七条 【格式条款无效的情形】有下列情形之一的，该格式条款无效：

（一）具有本法第一编第六章第三节和本法第五百零六条规定的无效情形；

（二）提供格式条款一方不合理地免除或者减轻其责任、加重对方责任、限制对方主要权利；

（三）提供格式条款一方排除对方主要权利。

第四百九十八条 【格式条款的解释方法】对格式条款的理解发生争议的，应当按照通常理解予以解释。对格式条款有两种以上解释的，应当作出不利于提供格式条款一方的解释。格式条款和非格式条款不一致的，应当采用非格式条款。

第四百九十九条 【悬赏广告】悬赏人以公开方式声明对完成特定行为的人支付报酬的，完成该行为的人可以请求其支付。

第五百条 【缔约过失责任】当事人在订立合同过程中有下列情形之一，造成对方损失的，应当承担赔偿责任：

（一）假借订立合同，恶意进行磋商；

（二）故意隐瞒与订立合同有关的重要事实或者提供虚假情况；

（三）有其他违背诚信原则的行为。

第五百零一条 【合同缔结人的保密义务】当事人在订立合同过程中知悉的商业秘密或者其他应当保密的信息，无论合同是否成立，不得泄露或者不正当地使用；泄露、不正当地使用该商业秘密或者信息，造成对方损失的，应当承担赔偿责任。

第三章 合同的效力

第五百零二条 【合同生效时间及未办理批准手续的处理规则】依法成立的合同，自成立时生效，但是法律另有规定或者当事人另有约定的除外。

依照法律、行政法规的规定，合同应当办理批准等手续的，依照其规定。未办理批准等手续影响合同生效的，不影响合同中履行报批等义务条款以及相关条款的效力。应当办理申请批准等手续的当事人未履行义务的，对方可以请求其承担违反该义务的责任。

依照法律、行政法规的规定，合同的变更、转让、解除等情形应当办理批准等手续的，适用前款规定。

第五百零三条 【被代理人以默示方式追认无权代理】无权代理人以被代理人的名义订立合同，被代理人已经开始履行合同义务或者接受相对人履行的，视为对合同的追认。

第五百零四条 【超越权限订立合同的效力】法人的法定代表人或者非法人组织的负责人超越权限订立的合同，除相对人知道或者应当知道其超越权限外，该代表行为有效，订立的合同对法人或者非法人组织发生效力。

第五百零五条 【超越经营范围订立的合同效力】当事人超越经营范围订立的合同的效力，应当依照本法第一编第六章第三节和本编的有关规定确定，不得仅以超越经营范围确认合同无效。

第五百零六条 【免责条款无效情形】合同中的下列免责条款无效：
（一）造成对方人身损害的；
（二）因故意或者重大过失造成对方财产损失的。

第五百零七条 【争议解决条款的独立性】合同不生效、无效、被撤销或者终止的，不影响合同中有关解决争议方法的条款的效力。

第五百零八条 【合同效力适用指引】本编对合同的效力没有规定的，适用本法第一编第六章的有关规定。

第四章　合同的履行

第五百零九条 【合同履行的原则】当事人应当按照约定全面履行自己的义务。

当事人应当遵循诚信原则，根据合同的性质、目的和交易习惯履行通知、协助、保密等义务。

当事人在履行合同过程中，应当避免浪费资源、污染环境和破坏生态。

第五百一十条 【约定不明时合同内容的确定】合同生效后，当事人就质量、价款或者报酬、履行地点等内容没有约定或者约定不明确的，可以协议补充；不能达成补充协议的，按照合同相关条款或者交易习惯确定。

第五百一十一条 【质量、价款、履行地点等内容的确定】当事人就有关合同内容约定不明确，依据前条规定仍不能确定的，适用下列规定：
（一）质量要求不明确的，按照强制性国家标准履行；没有强制性国家标准的，按照推荐性国家标准履行；没有推荐性国家标准的，按照行业标准履行；没有国家标准、行业标准的，按照通常标准或者符合合同目的的特定标准履行。
（二）价款或者报酬不明确的，按照订立合同时履行地的市场价格履行；依法应当执行政府定价或者政府指导价的，依照规定履行。
（三）履行地点不明确，给付货币的，在接受货币一方所在地履行；交付不动产的，在不动产所在地履行；其他标的，在履行义务一方所在地履行。
（四）履行期限不明确的，债务人可以随时履行，债权人也可以随时请求履行，但是应当给对方必要的准备时间。
（五）履行方式不明确的，按照有利于实现合同目的的方式履行。
（六）履行费用的负担不明确的，由履行义务一方负担；因债权人原因增加的履行费用，由债权人负担。

第五百一十二条 【电子合同交付时间的认定】通过互联网等信息网络订立的电子合同的标的为交付商品并采用快递物流方式交付的，收货人的签收时间为交付时间。电子合同的标的为提供服务的，生成的电子凭证或者实物凭证中载明的时间为提供服务时间；前述凭证没有载明时间或者载明时间与实际提供服务时间不一致的，以实际提供服务的时间为准。

电子合同的标的物为采用在线传输方式交付的，合同标的物进入对方当事人指定的特定系统且能够检索识别的时间为交付时间。

电子合同当事人对交付商品或者提供服务的方式、时间另有约定的，按照其约定。

第五百一十三条　【执行政府定价或指导价的合同价格确定】执行政府定价或者政府指导价的，在合同约定的交付期限内政府价格调整时，按照交付时的价格计价。逾期交付标的物的，遇价格上涨时，按照原价格执行；价格下降时，按照新价格执行。逾期提取标的物或者逾期付款的，遇价格上涨时，按照新价格执行；价格下降时，按照原价格执行。

第五百一十四条　【金钱之债给付货币的确定规则】以支付金钱为内容的债，除法律另有规定或者当事人另有约定外，债权人可以请求债务人以实际履行地的法定货币履行。

第五百一十五条　【选择之债中债务人的选择权】标的有多项而债务人只需履行其中一项的，债务人享有选择权；但是，法律另有规定、当事人另有约定或者另有交易习惯的除外。

享有选择权的当事人在约定期限内或者履行期限届满未作选择，经催告后在合理期限内仍未选择的，选择权转移至对方。

第五百一十六条　【选择权的行使】当事人行使选择权应当及时通知对方，通知到达对方时，标的确定。标的确定后不得变更，但是经对方同意的除外。

可选择的标的发生不能履行情形的，享有选择权的当事人不得选择不能履行的标的，但是该不能履行的情形是由对方造成的除外。

第五百一十七条　【按份债权与按份债务】债权人为二人以上，标的可分，按照份额各自享有债权的，为按份债权；债务人为二人以上，标的可分，按照份额各自负担债务的，为按份债务。

按份债权人或者按份债务人的份额难以确定的，视为份额相同。

第五百一十八条　【连带债权与连带债务】债权人为二人以上，部分或者全部债权人均可以请求债务人履行债务的，为连带债权；债务人为二人以上，债权人可以请求部分或者全部债务人履行全部债务的，为连带债务。

连带债权或者连带债务，由法律规定或者当事人约定。

第五百一十九条　【连带债务份额的确定及追偿】连带债务人之间的份额难以确定的，视为份额相同。

实际承担债务超过自己份额的连带债务人，有权就超出部分在其他连带债务人未履行的份额范围内向其追偿，并相应地享有债权人的权利，但是不得损

83

害债权人的利益。其他连带债务人对债权人的抗辩，可以向该债务人主张。

被追偿的连带债务人不能履行其应分担份额的，其他连带债务人应当在相应范围内按比例分担。

第五百二十条　【连带债务人之一所生事项涉他效力】部分连带债务人履行、抵销债务或者提存标的物的，其他债务人对债权人的债务在相应范围内消灭；该债务人可以依据前条规定向其他债务人追偿。

部分连带债务人的债务被债权人免除的，在该连带债务人应当承担的份额范围内，其他债务人对债权人的债务消灭。

部分连带债务人的债务与债权人的债权同归于一人的，在扣除该债务人应当承担的份额后，债权人对其他债务人的债权继续存在。

债权人对部分连带债务人的给付受领迟延的，对其他连带债务人发生效力。

第五百二十一条　【连带债权内外部关系】连带债权人之间的份额难以确定的，视为份额相同。

实际受领债权的连带债权人，应当按比例向其他连带债权人返还。

连带债权参照适用本章连带债务的有关规定。

第五百二十二条　【向第三人履行】当事人约定由债务人向第三人履行债务，债务人未向第三人履行债务或者履行债务不符合约定的，应当向债权人承担违约责任。

法律规定或者当事人约定第三人可以直接请求债务人向其履行债务，第三人未在合理期限内明确拒绝，债务人未向第三人履行债务或者履行债务不符合约定的，第三人可以请求债务人承担违约责任；债务人对债权人的抗辩，可以向第三人主张。

第五百二十三条　【第三人履行】当事人约定由第三人向债权人履行债务，第三人不履行债务或者履行债务不符合约定的，债务人应当向债权人承担违约责任。

第五百二十四条　【第三人代为履行】债务人不履行债务，第三人对履行该债务具有合法利益的，第三人有权向债权人代为履行；但是，根据债务性质、按照当事人约定或者依照法律规定只能由债务人履行的除外。

债权人接受第三人履行后，其对债务人的债权转让给第三人，但是债务人和第三人另有约定的除外。

第五百二十五条　【同时履行抗辩权】当事人互负债务，没有先后履行顺序的，应当同时履行。一方在对方履行之前有权拒绝其履行请求。一方在对方履行债务不符合约定时，有权拒绝其相应的履行请求。

第五百二十六条　【后履行抗辩权】当事人互负债务，有先后履行顺序，应当先履行债务一方未履行的，后履行一方有权拒绝其履行请求。先履行一方履行债务不符合约定的，后履行一方有权拒绝其相应的履行请求。

第五百二十七条 【不安抗辩权】应当先履行债务的当事人，有确切证据证明对方有下列情形之一的，可以中止履行：

（一）经营状况严重恶化；

（二）转移财产、抽逃资金，以逃避债务；

（三）丧失商业信誉；

（四）有丧失或者可能丧失履行债务能力的其他情形。

当事人没有确切证据中止履行的，应当承担违约责任。

第五百二十八条 【不安抗辩权的行使】当事人依据前条规定中止履行的，应当及时通知对方。对方提供适当担保的，应当恢复履行。中止履行后，对方在合理期限内未恢复履行能力且未提供适当担保的，视为以自己的行为表明不履行主要债务，中止履行的一方可以解除合同并可以请求对方承担违约责任。

第五百二十九条 【因债权人原因致债务履行困难的处理】债权人分立、合并或者变更住所没有通知债务人，致使履行债务发生困难的，债务人可以中止履行或者将标的物提存。

第五百三十条 【债务人提前履行债务】债权人可以拒绝债务人提前履行债务，但是提前履行不损害债权人利益的除外。

债务人提前履行债务给债权人增加的费用，由债务人负担。

第五百三十一条 【债务人部分履行债务】债权人可以拒绝债务人部分履行债务，但是部分履行不损害债权人利益的除外。

债务人部分履行债务给债权人增加的费用，由债务人负担。

第五百三十二条 【当事人变化不影响合同效力】合同生效后，当事人不得因姓名、名称的变更或者法定代表人、负责人、承办人的变动而不履行合同义务。

第五百三十三条 【情势变更】合同成立后，合同的基础条件发生了当事人在订立合同时无法预见的、不属于商业风险的重大变化，继续履行合同对于当事人一方明显不公平的，受不利影响的当事人可以与对方重新协商；在合理期限内协商不成的，当事人可以请求人民法院或者仲裁机构变更或者解除合同。

人民法院或者仲裁机构应当结合案件的实际情况，根据公平原则变更或者解除合同。

第五百三十四条 【合同监督】对当事人利用合同实施危害国家利益、社会公共利益行为的，市场监督管理和其他有关行政主管部门依照法律、行政法规的规定负责监督处理。

第五章 合同的保全

第五百三十五条 【债权人代位权】因债务人怠于行使其债权或者与该

债权有关的从权利，影响债权人的到期债权实现的，债权人可以向人民法院请求以自己的名义代位行使债务人对相对人的权利，但是该权利专属于债务人自身的除外。

代位权的行使范围以债权人的到期债权为限。债权人行使代位权的必要费用，由债务人负担。

相对人对债务人的抗辩，可以向债权人主张。

第五百三十六条　【保存行为】债权人的债权到期前，债务人的债权或者与该债权有关的从权利存在诉讼时效期间即将届满或者未及时申报破产债权等情形，影响债权人的债权实现的，债权人可以代位向债务人的相对人请求其向债务人履行、向破产管理人申报或者作出其他必要的行为。

第五百三十七条　【代位权行使后的法律效果】人民法院认定代位权成立的，由债务人的相对人向债权人履行义务，债权人接受履行后，债权人与债务人、债务人与相对人之间相应的权利义务终止。债务人对相对人的债权或者与该债权有关的从权利被采取保全、执行措施，或者债务人破产的，依照相关法律的规定处理。

第五百三十八条　【撤销债务人无偿行为】债务人以放弃其债权、放弃债权担保、无偿转让财产等方式无偿处分财产权益，或者恶意延长其到期债权的履行期限，影响债权人的债权实现的，债权人可以请求人民法院撤销债务人的行为。

第五百三十九条　【撤销债务人有偿行为】债务人以明显不合理的低价转让财产、以明显不合理的高价受让他人财产或者为他人的债务提供担保，影响债权人的债权实现，债务人的相对人知道或者应当知道该情形的，债权人可以请求人民法院撤销债务人的行为。

第五百四十条　【撤销权的行使范围】撤销权的行使范围以债权人的债权为限。债权人行使撤销权的必要费用，由债务人负担。

第五百四十一条　【撤销权的行使期间】撤销权自债权人知道或者应当知道撤销事由之日起一年内行使。自债务人的行为发生之日起五年内没有行使撤销权的，该撤销权消灭。

第五百四十二条　【债务人行为被撤销的法律效果】债务人影响债权人的债权实现的行为被撤销的，自始没有法律约束力。

第六章　合同的变更和转让

第五百四十三条　【协议变更合同】当事人协商一致，可以变更合同。

第五百四十四条　【合同变更不明确推定为未变更】当事人对合同变更的内容约定不明确的，推定为未变更。

第五百四十五条 【债权转让】债权人可以将债权的全部或者部分转让给第三人,但是有下列情形之一的除外:
(一)根据债权性质不得转让;
(二)按照当事人约定不得转让;
(三)依照法律规定不得转让。
当事人约定非金钱债权不得转让的,不得对抗善意第三人。当事人约定金钱债权不得转让的,不得对抗第三人。

第五百四十六条 【债权转让的通知义务】债权人转让债权,未通知债务人的,该转让对债务人不发生效力。
债权转让的通知不得撤销,但是经受让人同意的除外。

第五百四十七条 【债权转让从权利一并转让】债权人转让债权的,受让人取得与债权有关的从权利,但是该从权利专属于债权人自身的除外。
受让人取得从权利不因该从权利未办理转移登记手续或者未转移占有而受到影响。

第五百四十八条 【债权转让中债务人抗辩】债务人接到债权转让通知后,债务人对让与人的抗辩,可以向受让人主张。

第五百四十九条 【债权转让中债务人的抵销权】有下列情形之一的,债务人可以向受让人主张抵销:
(一)债务人接到债权转让通知时,债务人对让与人享有债权,且债务人的债权先于转让的债权到期或者同时到期;
(二)债务人的债权与转让的债权是基于同一合同产生。

第五百五十条 【债权转让费用的承担】因债权转让增加的履行费用,由让与人负担。

第五百五十一条 【债务转移】债务人将债务的全部或者部分转移给第三人的,应当经债权人同意。
债务人或者第三人可以催告债权人在合理期限内予以同意,债权人未作表示的,视为不同意。

第五百五十二条 【债务加入】第三人与债务人约定加入债务并通知债权人,或者第三人向债权人表示愿意加入债务,债权人未在合理期限内明确拒绝的,债权人可以请求第三人在其愿意承担的债务范围内和债务人承担连带债务。

第五百五十三条 【债务转移时新债务人抗辩】债务人转移债务的,新债务人可以主张原债务人对债权人的抗辩;原债务人对债权人享有债权的,新债务人不得向债权人主张抵销。

第五百五十四条 【从债务随主债务转移】债务人转移债务的,新债务人应当承担与主债务有关的从债务,但是该从债务专属于原债务人自身的除外。

第五百五十五条 【合同权利义务的一并转让】当事人一方经对方同意,可以将自己在合同中的权利和义务一并转让给第三人。

第五百五十六条 【一并转让的法律适用】合同的权利和义务一并转让的,适用债权转让、债务转移的有关规定。

第七章 合同的权利义务终止

第五百五十七条 【债权债务终止的法定情形】有下列情形之一的,债权债务终止:
（一）债务已经履行;
（二）债务相互抵销;
（三）债务人依法将标的物提存;
（四）债权人免除债务;
（五）债权债务同归于一人;
（六）法律规定或者当事人约定终止的其他情形。
合同解除的,该合同的权利义务关系终止。

第五百五十八条 【后合同义务】债权债务终止后,当事人应当遵循诚信等原则,根据交易习惯履行通知、协助、保密、旧物回收等义务。

第五百五十九条 【从权利消灭】债权债务终止时,债权的从权利同时消灭,但是法律另有规定或者当事人另有约定的除外。

第五百六十条 【数项债务的清偿抵充顺序】债务人对同一债权人负担的数项债务种类相同,债务人的给付不足以清偿全部债务的,除当事人另有约定外,由债务人在清偿时指定其履行的债务。

债务人未作指定的,应当优先履行已经到期的债务;数项债务均到期的,优先履行对债权人缺乏担保或者担保最少的债务;均无担保或者担保相等的,优先履行债务人负担较重的债务;负担相同的,按照债务到期的先后顺序履行;到期时间相同的,按照债务比例履行。

第五百六十一条 【费用、利息和主债务的清偿抵充顺序】债务人在履行主债务外还应当支付利息和实现债权的有关费用,其给付不足以清偿全部债务的,除当事人另有约定外,应当按照下列顺序履行:
（一）实现债权的有关费用;
（二）利息;
（三）主债务。

第五百六十二条 【合同的约定解除】当事人协商一致,可以解除合同。
当事人可以约定一方解除合同的事由。解除合同的事由发生时,解除权人可以解除合同。

第五百六十三条 【合同的法定解除】有下列情形之一的,当事人可以解除合同:
(一)因不可抗力致使不能实现合同目的;
(二)在履行期限届满前,当事人一方明确表示或者以自己的行为表明不履行主要债务;
(三)当事人一方迟延履行主要债务,经催告后在合理期限内仍未履行;
(四)当事人一方迟延履行债务或者有其他违约行为致使不能实现合同目的;
(五)法律规定的其他情形。
以持续履行的债务为内容的不定期合同,当事人可以随时解除合同,但是应当在合理期限之前通知对方。

第五百六十四条 【解除权行使期限】法律规定或者当事人约定解除权行使期限,期限届满当事人不行使的,该权利消灭。
法律没有规定或者当事人没有约定解除权行使期限,自解除权人知道或者应当知道解除事由之日起一年内不行使,或者经对方催告后在合理期限内不行使的,该权利消灭。

第五百六十五条 【合同解除权的行使规则】当事人一方依法主张解除合同的,应当通知对方。合同自通知到达对方时解除;通知载明债务人在一定期限内不履行债务则合同自动解除,债务人在该期限内未履行债务的,合同自通知载明的期限届满时解除。对方对解除合同有异议的,任何一方当事人均可以请求人民法院或者仲裁机构确认解除行为的效力。
当事人一方未通知对方,直接以提起诉讼或者申请仲裁的方式依法主张解除合同,人民法院或者仲裁机构确认该主张的,合同自起诉状副本或者仲裁申请书副本送达对方时解除。

第五百六十六条 【合同解除的法律后果】合同解除后,尚未履行的,终止履行;已经履行的,根据履行情况和合同性质,当事人可以请求恢复原状或者采取其他补救措施,并有权请求赔偿损失。
合同因违约解除的,解除权人可以请求违约方承担违约责任,但是当事人另有约定的除外。
主合同解除后,担保人对债务人应当承担的民事责任仍应当承担担保责任,但是担保合同另有约定的除外。

第五百六十七条 【结算、清理条款效力的独立性】合同的权利义务关系终止,不影响合同中结算和清理条款的效力。

第五百六十八条 【法定抵销】当事人互负债务,该债务的标的物种类、品质相同的,任何一方可以将自己的债务与对方的到期债务抵销;但是,根据债务性质、按照当事人约定或者依照法律规定不得抵销的除外。
当事人主张抵销的,应当通知对方。通知自到达对方时生效。抵销不得附条件或者附期限。

第五百六十九条 【约定抵销】当事人互负债务，标的物种类、品质不相同的，经协商一致，也可以抵销。

第五百七十条 【提存的条件】有下列情形之一，难以履行债务的，债务人可以将标的物提存：

（一）债权人无正当理由拒绝受领；

（二）债权人下落不明；

（三）债权人死亡未确定继承人、遗产管理人，或者丧失民事行为能力未确定监护人；

（四）法律规定的其他情形。

标的物不适于提存或者提存费用过高的，债务人依法可以拍卖或者变卖标的物，提存所得的价款。

第五百七十一条 【提存的成立】债务人将标的物或者将标的物依法拍卖、变卖所得价款交付提存部门时，提存成立。

提存成立的，视为债务人在其提存范围内已经交付标的物。

第五百七十二条 【提存的通知】标的物提存后，债务人应当及时通知债权人或者债权人的继承人、遗产管理人、监护人、财产代管人。

第五百七十三条 【提存期间风险、孳息和提存费用负担】标的物提存后，毁损、灭失的风险由债权人承担。提存期间，标的物的孳息归债权人所有。提存费用由债权人负担。

第五百七十四条 【提存物的领取与取回】债权人可以随时领取提存物。但是，债权人对债务人负有到期债务的，在债权人未履行债务或者提供担保之前，提存部门根据债务人的要求应当拒绝其领取提存物。

债权人领取提存物的权利，自提存之日起五年内不行使而消灭，提存物扣除提存费用后归国家所有。但是，债权人未履行对债务人的到期债务，或者债权人向提存部门书面表示放弃领取提存物权利的，债务人负担提存费用后有权取回提存物。

第五百七十五条 【债的免除】债权人免除债务人部分或者全部债务的，债权债务部分或者全部终止，但是债务人在合理期限内拒绝的除外。

第五百七十六条 【债权债务混同的处理】债权和债务同归于一人的，债权债务终止，但是损害第三人利益的除外。

第八章 违约责任

第五百七十七条 【违约责任的种类】当事人一方不履行合同义务或者履行合同义务不符合约定的，应当承担继续履行、采取补救措施或者赔偿损失等违约责任。

第五百七十八条 【预期违约责任】当事人一方明确表示或者以自己的行为表明不履行合同义务的，对方可以在履行期限届满前请求其承担违约责任。

第五百七十九条 【金钱债务的继续履行】当事人一方未支付价款、报酬、租金、利息，或者不履行其他金钱债务的，对方可以请求其支付。

第五百八十条 【非金钱债务的继续履行】当事人一方不履行非金钱债务或者履行非金钱债务不符合约定的，对方可以请求履行，但是有下列情形之一的除外：

（一）法律上或者事实上不能履行；
（二）债务的标的不适于强制履行或者履行费用过高；
（三）债权人在合理期限内未请求履行。

有前款规定的除外情形之一，致使不能实现合同目的的，人民法院或者仲裁机构可以根据当事人的请求终止合同权利义务关系，但是不影响违约责任的承担。

第五百八十一条 【替代履行】当事人一方不履行债务或者履行债务不符合约定，根据债务的性质不得强制履行的，对方可以请求其负担由第三人替代履行的费用。

第五百八十二条 【瑕疵履行违约责任】履行不符合约定的，应当按照当事人的约定承担违约责任。对违约责任没有约定或者约定不明确，依据本法第五百一十条的规定仍不能确定的，受损害方根据标的性质以及损失的大小，可以合理选择请求对方承担修理、重作、更换、退货、减少价款或者报酬等违约责任。

第五百八十三条 【违约损害赔偿责任】当事人一方不履行合同义务或者履行合同义务不符合约定的，在履行义务或者采取补救措施后，对方还有其他损失的，应当赔偿损失。

第五百八十四条 【法定的违约赔偿损失】当事人一方不履行合同义务或者履行合同义务不符合约定，造成对方损失的，损失赔偿额应当相当于因违约所造成的损失，包括合同履行后可以获得的利益；但是，不得超过违约一方订立合同时预见到或者应当预见到的因违约可能造成的损失。

第五百八十五条 【违约金的约定】当事人可以约定一方违约时应当根据违约情况向对方支付一定数额的违约金，也可以约定因违约产生的损失赔偿额的计算方法。

约定的违约金低于造成的损失的，人民法院或者仲裁机构可以根据当事人的请求予以增加；约定的违约金过分高于造成的损失的，人民法院或者仲裁机构可以根据当事人的请求予以适当减少。

当事人就迟延履行约定违约金的，违约方支付违约金后，还应当履行债务。

第五百八十六条 【定金】当事人可以约定一方向对方给付定金作为债权的担保。定金合同自实际交付定金时成立。

定金的数额由当事人约定；但是，不得超过主合同标的额的百分之二十，超过部分不产生定金的效力。实际交付的定金数额多于或者少于约定数额的，视为变更约定的定金数额。

第五百八十七条 【定金罚则】债务人履行债务的，定金应当抵作价款或者收回。给付定金的一方不履行债务或者履行债务不符合约定，致使不能实现合同目的的，无权请求返还定金；收受定金的一方不履行债务或者履行债务不符合约定，致使不能实现合同目的的，应当双倍返还定金。

第五百八十八条 【违约金与定金竞合选择权】当事人既约定违约金，又约定定金的，一方违约时，对方可以选择适用违约金或者定金条款。

定金不足以弥补一方违约造成的损失的，对方可以请求赔偿超过定金数额的损失。

第五百八十九条 【债权人受领迟延】债务人按照约定履行债务，债权人无正当理由拒绝受领的，债务人可以请求债权人赔偿增加的费用。

在债权人受领迟延期间，债务人无须支付利息。

第五百九十条 【因不可抗力不能履行合同】当事人一方因不可抗力不能履行合同的，根据不可抗力的影响，部分或者全部免除责任，但是法律另有规定的除外。因不可抗力不能履行合同的，应当及时通知对方，以减轻可能给对方造成的损失，并应当在合理期限内提供证明。

当事人迟延履行后发生不可抗力的，不免除其违约责任。

第五百九十一条 【非违约方防止损失扩大义务】当事人一方违约后，对方应当采取适当措施防止损失的扩大；没有采取适当措施致使损失扩大的，不得就扩大的损失请求赔偿。

当事人因防止损失扩大而支出的合理费用，由违约方负担。

第五百九十二条 【双方违约和与有过错规则】当事人都违反合同的，应当各自承担相应的责任。

当事人一方违约造成对方损失，对方对损失的发生有过错的，可以减少相应的损失赔偿额。

第五百九十三条 【因第三人原因造成违约情况下的责任承担】当事人一方因第三人的原因造成违约的，应当依法向对方承担违约责任。当事人一方和第三人之间的纠纷，依照法律规定或者按照约定处理。

第五百九十四条 【国际贸易合同诉讼时效和仲裁时效】因国际货物买卖合同和技术进出口合同争议提起诉讼或者申请仲裁的时效期间为四年。

……

中华人民共和国刑法（节录）

（1979年7月1日第五届全国人民代表大会第二次会议通过 1997年3月14日第八届全国人民代表大会第五次会议修订 根据1998年12月29日第九届全国人民代表大会常务委员会第六次会议通过的《全国人民代表大会常务委员会关于惩治骗购外汇、逃汇和非法买卖外汇犯罪的决定》、1999年12月25日第九届全国人民代表大会常务委员会第十三次会议通过的《中华人民共和国刑法修正案》、2001年8月31日第九届全国人民代表大会常务委员会第二十三次会议通过的《中华人民共和国刑法修正案（二）》、2001年12月29日第九届全国人民代表大会常务委员会第二十五次会议通过的《中华人民共和国刑法修正案（三）》、2002年12月28日第九届全国人民代表大会常务委员会第三十一次会议通过的《中华人民共和国刑法修正案（四）》、2005年2月28日第十届全国人民代表大会常务委员会第十四次会议通过的《中华人民共和国刑法修正案（五）》、2006年6月29日第十届全国人民代表大会常务委员会第二十二次会议通过的《中华人民共和国刑法修正案（六）》、2009年2月28日第十一届全国人民代表大会常务委员会第七次会议通过的《中华人民共和国刑法修正案（七）》、2009年8月27日第十一届全国人民代表大会常务委员会第十次会议通过的《全国人民代表大会常务委员会关于修改部分法律的决定》、2011年2月25日第十一届全国人民代表大会常务委员会第十九次会议通过的《中华人民共和国刑法修正案（八）》、2015年8月29日第十二届全国人民代表大会常务委员会第十六次会议通过的《中华人民共和国刑法修正案（九）》、2017年11月4日第十二届全国人民代表大会常务委员会第三十次会议通过的《中华人民共和国刑法修正案（十）》和2020年12月26日第十三届全国人民代表大会常务委员会第二十四次会议通过的《中华人民共和国刑法修正案（十一）》修正）[1]

……

---

[1] 刑法、历次刑法修正案、涉及修改刑法的决定的施行日期，分别依据各法律所规定的施行日期确定。

另，总则部分条文主旨为编者所加，分则部分条文主旨是根据司法解释确定罪名所加。

第三百八十五条 　【受贿罪】国家工作人员利用职务上的便利，索取他人财物的，或者非法收受他人财物，为他人谋取利益的，是受贿罪。

国家工作人员在经济往来中，违反国家规定，收受各种名义的回扣、手续费，归个人所有的，以受贿论处。

第三百八十六条 　【对受贿罪的处罚】对犯受贿罪的，根据受贿所得数额及情节，依照本法第三百八十三条的规定处罚。索贿的从重处罚。

第三百八十七条 　【单位受贿罪】国家机关、国有公司、企业、事业单位、人民团体，索取、非法收受他人财物，为他人谋取利益，情节严重的，对单位判处罚金，并对其直接负责的主管人员和其他直接责任人员，处五年以下有期徒刑或者拘役。

前款所列单位，在经济往来中，在帐外暗中收受各种名义的回扣、手续费的，以受贿论，依照前款的规定处罚。

……

第三百九十九条之一 　【枉法仲裁罪】依法承担仲裁职责的人员，在仲裁活动中故意违背事实和法律作枉法裁决，情节严重的，处三年以下有期徒刑或者拘役；情节特别严重的，处三年以上七年以下有期徒刑。

……

中华人民共和国民事诉讼法（节录）

（1991年4月9日第七届全国人民代表大会第四次会议通过　根据2007年10月28日第十届全国人民代表大会常务委员会第三十次会议《关于修改〈中华人民共和国民事诉讼法〉的决定》第一次修正　根据2012年8月31日第十一届全国人民代表大会常务委员会第二十八次会议《关于修改〈中华人民共和国民事诉讼法〉的决定》第二次修正　根据2017年6月27日第十二届全国人民代表大会常务委员会第二十八次会议《关于修改〈中华人民共和国民事诉讼法〉和〈中华人民共和国行政诉讼法〉的决定》第三次修正　根据2021年12月24日第十三届全国人民代表大会常务委员会第三十二次会议《关于修改〈中华人民共和国民事诉讼法〉的决定》第四次修正）

第一编　总　　则

……

第六章 证 据

第六十六条 【证据的种类】证据包括：
（一）当事人的陈述；
（二）书证；
（三）物证；
（四）视听资料；
（五）电子数据；
（六）证人证言；
（七）鉴定意见；
（八）勘验笔录。
证据必须查证属实，才能作为认定事实的根据。

第六十七条 【举证责任与查证】当事人对自己提出的主张，有责任提供证据。

当事人及其诉讼代理人因客观原因不能自行收集的证据，或者人民法院认为审理案件需要的证据，人民法院应当调查收集。

人民法院应当按照法定程序，全面地、客观地审查核实证据。

第六十八条 【举证期限及逾期后果】当事人对自己提出的主张应当及时提供证据。

人民法院根据当事人的主张和案件审理情况，确定当事人应当提供的证据及其期限。当事人在该期限内提供证据确有困难的，可以向人民法院申请延长期限，人民法院根据当事人的申请适当延长。当事人逾期提供证据的，人民法院应当责令其说明理由；拒不说明理由或者理由不成立的，人民法院根据不同情形可以不予采纳该证据，或者采纳该证据但予以训诫、罚款。

第六十九条 【人民法院签收证据】人民法院收到当事人提交的证据材料，应当出具收据，写明证据名称、页数、份数、原件或者复印件以及收到时间等，并由经办人员签名或者盖章。

第七十条 【人民法院调查取证】人民法院有权向有关单位和个人调查取证，有关单位和个人不得拒绝。

人民法院对有关单位和个人提出的证明文书，应当辨别真伪，审查确定其效力。

第七十一条 【证据的公开与质证】证据应当在法庭上出示，并由当事人互相质证。对涉及国家秘密、商业秘密和个人隐私的证据应当保密，需要在法庭出示的，不得在公开开庭时出示。

第七十二条 【公证证据】经过法定程序公证证明的法律事实和文书，人民法院应当作为认定事实的根据，但有相反证据足以推翻公证证明的除外。

第七十三条 【书证和物证】书证应当提交原件。物证应当提交原物。提交原件或者原物确有困难的，可以提交复制品、照片、副本、节录本。

提交外文书证，必须附有中文译本。

第七十四条 【视听资料】人民法院对视听资料，应当辨别真伪，并结合本案的其他证据，审查确定能否作为认定事实的根据。

第七十五条 【证人的义务】凡是知道案件情况的单位和个人，都有义务出庭作证。有关单位的负责人应当支持证人作证。

不能正确表达意思的人，不能作证。

第七十六条 【证人不出庭作证的情形】经人民法院通知，证人应当出庭作证。有下列情形之一的，经人民法院许可，可以通过书面证言、视听传输技术或者视听资料等方式作证：

（一）因健康原因不能出庭的；

（二）因路途遥远，交通不便不能出庭的；

（三）因自然灾害等不可抗力不能出庭的；

（四）其他有正当理由不能出庭的。

第七十七条 【证人出庭作证费用的承担】证人因履行出庭作证义务而支出的交通、住宿、就餐等必要费用以及误工损失，由败诉一方当事人负担。当事人申请证人作证的，由该当事人先行垫付；当事人没有申请，人民法院通知证人作证的，由人民法院先行垫付。

第七十八条 【当事人陈述】人民法院对当事人的陈述，应当结合本案的其他证据，审查确定能否作为认定事实的根据。

当事人拒绝陈述的，不影响人民法院根据证据认定案件事实。

第七十九条 【申请鉴定】当事人可以就查明事实的专门性问题向人民法院申请鉴定。当事人申请鉴定的，由双方当事人协商确定具备资格的鉴定人；协商不成的，由人民法院指定。

当事人未申请鉴定，人民法院对专门性问题认为需要鉴定的，应当委托具备资格的鉴定人进行鉴定。

第八十条 【鉴定人的职责】鉴定人有权了解进行鉴定所需要的案件材料，必要时可以询问当事人、证人。

鉴定人应当提出书面鉴定意见，在鉴定书上签名或者盖章。

第八十一条 【鉴定人出庭作证的义务】当事人对鉴定意见有异议或者人民法院认为鉴定人有必要出庭的，鉴定人应当出庭作证。经人民法院通知，鉴定人拒不出庭作证的，鉴定意见不得作为认定事实的根据；支付鉴定费用的当事人可以要求返还鉴定费用。

第八十二条 【对鉴定意见的查证】当事人可以申请人民法院通知有专门知识的人出庭，就鉴定人作出的鉴定意见或者专业问题提出意见。

第八十三条 【勘验笔录】勘验物证或者现场，勘验人必须出示人民法院的证件，并邀请当地基层组织或者当事人所在单位派人参加。当事人或者当事人的成年家属应当到场，拒不到场的，不影响勘验的进行。

有关单位和个人根据人民法院的通知，有义务保护现场，协助勘验工作。

勘验人应当将勘验情况和结果制作笔录，由勘验人、当事人和被邀参加人签名或者盖章。

第八十四条 【证据保全】在证据可能灭失或者以后难以取得的情况下，当事人可以在诉讼过程中向人民法院申请保全证据，人民法院也可以主动采取保全措施。

因情况紧急，在证据可能灭失或者以后难以取得的情况下，利害关系人可以在提起诉讼或者申请仲裁前向证据所在地、被申请人住所地或者对案件有管辖权的人民法院申请保全证据。

证据保全的其他程序，参照适用本法第九章保全的有关规定。

第七章　期间、送达

第一节　期　　间

第八十五条 【期间的种类和计算】期间包括法定期间和人民法院指定的期间。

期间以时、日、月、年计算。期间开始的时和日，不计算在期间内。

期间届满的最后一日是法定休假日的，以法定休假日后的第一日为期间届满的日期。

期间不包括在途时间，诉讼文书在期满前交邮的，不算过期。

第八十六条 【期间的耽误和顺延】当事人因不可抗拒的事由或者其他正当理由耽误期限的，在障碍消除后的十日内，可以申请顺延期限，是否准许，由人民法院决定。

第二节　送　　达

第八十七条 【送达回证】送达诉讼文书必须有送达回证，由受送达人在送达回证上记明收到日期，签名或者盖章。

受送达人在送达回证上的签收日期为送达日期。

第八十八条 【直接送达】送达诉讼文书，应当直接送交受送达人。受送达人是公民的，本人不在交他的同住成年家属签收；受送达人是法人或者其他组织的，应当由法人的法定代表人、其他组织的主要负责人或者该法人、组织负责收件的人签收；受送达人有诉讼代理人的，可以送交其代理人签收；受送达人已向人民法院指定代收人的，送交代收人签收。

受送达人的同住成年家属，法人或者其他组织的负责收件的人，诉讼代理人或者代收人在送达回证上签收的日期为送达日期。

第八十九条　【留置送达】受送达人或者他的同住成年家属拒绝接收诉讼文书的，送达人可以邀请有关基层组织或者所在单位的代表到场，说明情况，在送达回证上记明拒收事由和日期，由送达人、见证人签名或者盖章，把诉讼文书留在受送达人的住所；也可以把诉讼文书留在受送达人的住所，并采用拍照、录像等方式记录送达过程，即视为送达。

第九十条　【电子送达】经受送达人同意，人民法院可以采用能够确认其收悉的电子方式送达诉讼文书。通过电子方式送达的判决书、裁定书、调解书，受送达人提出需要纸质文书的，人民法院应当提供。

采用前款方式送达的，以送达信息到达受送达人特定系统的日期为送达日期。

第九十一条　【委托送达与邮寄送达】直接送达诉讼文书有困难的，可以委托其他人民法院代为送达，或者邮寄送达。邮寄送达的，以回执上注明的收件日期为送达日期。

第九十二条　【军人的转交送达】受送达人是军人的，通过其所在部队团以上单位的政治机关转交。

第九十三条　【被监禁人或被采取强制性教育措施人的转交送达】受送达人被监禁的，通过其所在监所转交。

受送达人被采取强制性教育措施的，通过其所在强制性教育机构转交。

第九十四条　【转交送达的送达日期】代为转交的机关、单位收到诉讼文书后，必须立即交受送达人签收，以在送达回证上的签收日期，为送达日期。

第九十五条　【公告送达】受送达人下落不明，或者用本节规定的其他方式无法送达的，公告送达。自发出公告之日起，经过三十日，即视为送达。

公告送达，应当在案卷中记明原因和经过。

第八章　调　解

第九十六条　【法院调解原则】人民法院审理民事案件，根据当事人自愿的原则，在事实清楚的基础上，分清是非，进行调解。

第九十七条　【法院调解的程序】人民法院进行调解，可以由审判员一人主持，也可以由合议庭主持，并尽可能就地进行。

人民法院进行调解，可以用简便方式通知当事人、证人到庭。

第九十八条　【对法院调解的协助】人民法院进行调解，可以邀请有关单位和个人协助。被邀请的单位和个人，应当协助人民法院进行调解。

第九十九条　【调解协议的达成】调解达成协议，必须双方自愿，不得强迫。调解协议的内容不得违反法律规定。

第一百条 【调解书的制作、送达和效力】调解达成协议,人民法院应当制作调解书。调解书应当写明诉讼请求、案件的事实和调解结果。

调解书由审判人员、书记员署名,加盖人民法院印章,送达双方当事人。

调解书经双方当事人签收后,即具有法律效力。

第一百零一条 【不需要制作调解书的案件】下列案件调解达成协议,人民法院可以不制作调解书:

(一)调解和好的离婚案件;

(二)调解维持收养关系的案件;

(三)能够即时履行的案件;

(四)其他不需要制作调解书的案件。

对不需要制作调解书的协议,应当记入笔录,由双方当事人、审判人员、书记员签名或者盖章后,即具有法律效力。

第一百零二条 【调解不成或调解后反悔的处理】调解未达成协议或者调解书送达前一方反悔的,人民法院应当及时判决。

第九章 保全和先予执行

第一百零三条 【诉讼保全】人民法院对于可能因当事人一方的行为或者其他原因,使判决难以执行或者造成当事人其他损害的案件,根据对方当事人的申请,可以裁定对其财产进行保全、责令其作出一定行为或者禁止其作出一定行为;当事人没有提出申请,人民法院在必要时也可以裁定采取保全措施。

人民法院采取保全措施,可以责令申请人提供担保,申请人不提供担保的,裁定驳回申请。

人民法院接受申请后,对情况紧急的,必须在四十八小时内作出裁定;裁定采取保全措施的,应当立即开始执行。

第一百零四条 【诉前保全】利害关系人因情况紧急,不立即申请保全将会使其合法权益受到难以弥补的损害的,可以在提起诉讼或者申请仲裁前向被保全财产所在地、被申请人住所地或者对案件有管辖权的人民法院申请采取保全措施。申请人应当提供担保,不提供担保的,裁定驳回申请。

人民法院接受申请后,必须在四十八小时内作出裁定;裁定采取保全措施的,应当立即开始执行。

申请人在人民法院采取保全措施后三十日内不依法提起诉讼或者申请仲裁的,人民法院应当解除保全。

第一百零五条 【保全的范围】保全限于请求的范围,或者与本案有关的财物。

第一百零六条 【财产保全的措施】财产保全采取查封、扣押、冻结或者法律规定的其他方法。人民法院保全财产后,应当立即通知被保全财产的人。

财产已被查封、冻结的,不得重复查封、冻结。

第一百零七条 【保全的解除】财产纠纷案件,被申请人提供担保的,人民法院应当裁定解除保全。

第一百零八条 【保全申请错误的处理】申请有错误的,申请人应当赔偿被申请人因保全所遭受的损失。

第一百零九条 【先予执行的适用范围】人民法院对下列案件,根据当事人的申请,可以裁定先予执行:

(一) 追索赡养费、扶养费、抚养费、抚恤金、医疗费用的;

(二) 追索劳动报酬的;

(三) 因情况紧急需要先予执行的。

第一百一十条 【先予执行的条件】人民法院裁定先予执行的,应当符合下列条件:

(一) 当事人之间权利义务关系明确,不先予执行将严重影响申请人的生活或者生产经营的;

(二) 被申请人有履行能力。

人民法院可以责令申请人提供担保,申请人不提供担保的,驳回申请。申请人败诉的,应当赔偿被申请人因先予执行遭受的财产损失。

第一百一十一条 【对保全或先予执行不服的救济程序】当事人对保全或者先予执行的裁定不服的,可以申请复议一次。复议期间不停止裁定的执行。

第十章 对妨害民事诉讼的强制措施

第一百一十二条 【拘传的适用】人民法院对必须到庭的被告,经两次传票传唤,无正当理由拒不到庭的,可以拘传。

第一百一十三条 【对违反法庭规则、扰乱法庭秩序行为的强制措施】诉讼参与人和其他人应当遵守法庭规则。

人民法院对违反法庭规则的人,可以予以训诫,责令退出法庭或者予以罚款、拘留。

人民法院对哄闹、冲击法庭,侮辱、诽谤、威胁、殴打审判人员,严重扰乱法庭秩序的人,依法追究刑事责任;情节较轻的,予以罚款、拘留。

第一百一十四条 【对妨害诉讼证据的收集、调查和阻拦、干扰诉讼进行的强制措施】诉讼参与人或者其他人有下列行为之一的,人民法院可以根据情节轻重予以罚款、拘留;构成犯罪的,依法追究刑事责任:

（一）伪造、毁灭重要证据，妨碍人民法院审理案件的；
（二）以暴力、威胁、贿买方法阻止证人作证或者指使、贿买、胁迫他人作伪证的；
（三）隐藏、转移、变卖、毁损已被查封、扣押的财产，或者已被清点并责令其保管的财产，转移已被冻结的财产的；
（四）对司法工作人员、诉讼参加人、证人、翻译人员、鉴定人、勘验人、协助执行的人，进行侮辱、诽谤、诬陷、殴打或者打击报复的；
（五）以暴力、威胁或者其他方法阻碍司法工作人员执行职务的；
（六）拒不履行人民法院已经发生法律效力的判决、裁定的。
人民法院对有前款规定的行为之一的单位，可以对其主要负责人或者直接责任人员予以罚款、拘留；构成犯罪的，依法追究刑事责任。

第一百一十五条　【对恶意串通，通过诉讼、调解等方式侵害他人合法权益的强制措施】当事人之间恶意串通，企图通过诉讼、调解等方式侵害他人合法权益的，人民法院应当驳回其请求，并根据情节轻重予以罚款、拘留；构成犯罪的，依法追究刑事责任。

第一百一十六条　【对恶意串通，通过诉讼、仲裁、调解等方式逃避履行法律文书确定的义务的强制措施】被执行人与他人恶意串通，通过诉讼、仲裁、调解等方式逃避履行法律文书确定的义务的，人民法院应当根据情节轻重予以罚款、拘留；构成犯罪的，依法追究刑事责任。

第一百一十七条　【对拒不履行协助义务的单位的强制措施】有义务协助调查、执行的单位有下列行为之一的，人民法院除责令其履行协助义务外，并可以予以罚款：
（一）有关单位拒绝或者妨碍人民法院调查取证的；
（二）有关单位接到人民法院协助执行通知书后，拒不协助查询、扣押、冻结、划拨、变价财产的；
（三）有关单位接到人民法院协助执行通知书后，拒不协助扣留被执行人的收入、办理有关财产权证照转移手续、转交有关票证、证照或者其他财产的；
（四）其他拒绝协助执行的。
人民法院对有前款规定的行为之一的单位，可以对其主要负责人或者直接责任人员予以罚款；对仍不履行协助义务的，可以予以拘留；并可以向监察机关或者有关机关提出予以纪律处分的司法建议。

第一百一十八条　【罚款金额和拘留期限】对个人的罚款金额，为人民币十万元以下。对单位的罚款金额，为人民币五万元以上一百万元以下。
拘留的期限，为十五日以下。
被拘留的人，由人民法院交公安机关看管。在拘留期间，被拘留人承认并改正错误的，人民法院可以决定提前解除拘留。

第一百一十九条 【拘传、罚款、拘留的批准】拘传、罚款、拘留必须经院长批准。

拘传应当发拘传票。

罚款、拘留应当用决定书。对决定不服的，可以向上一级人民法院申请复议一次。复议期间不停止执行。

第一百二十条 【强制措施由法院决定】采取对妨害民事诉讼的强制措施必须由人民法院决定。任何单位和个人采取非法拘禁他人或者非法私自扣押他人财产追索债务的，应当依法追究刑事责任，或者予以拘留、罚款。

第十一章 诉讼费用

第一百二十一条 【诉讼费用】当事人进行民事诉讼，应当按照规定交纳案件受理费。财产案件除交纳案件受理费外，并按照规定交纳其他诉讼费用。

当事人交纳诉讼费用确有困难的，可以按照规定向人民法院申请缓交、减交或者免交。

收取诉讼费用的办法另行制定。

……

第三编 执行程序

第十九章 一般规定

第二百三十一条 【执行依据及管辖】发生法律效力的民事判决、裁定，以及刑事判决、裁定中的财产部分，由第一审人民法院或者与第一审人民法院同级的被执行的财产所在地人民法院执行。

法律规定由人民法院执行的其他法律文书，由被执行人住所地或者被执行的财产所在地人民法院执行。

第二百三十二条 【对违法的执行行为的异议】当事人、利害关系人认为执行行为违反法律规定的，可以向负责执行的人民法院提出书面异议。当事人、利害关系人提出书面异议的，人民法院应当自收到书面异议之日起十五日内审查，理由成立的，裁定撤销或者改正；理由不成立的，裁定驳回。当事人、利害关系人对裁定不服的，可以自裁定送达之日起十日内向上一级人民法院申请复议。

第二百三十三条 【变更执行法院】人民法院自收到申请执行书之日起超过六个月未执行的，申请执行人可以向上一级人民法院申请执行。上一级人民法院经审查，可以责令原人民法院在一定期限内执行，也可以决定由本院执行或者指令其他人民法院执行。

第二百三十四条 【案外人异议】执行过程中，案外人对执行标的提出书面异议的，人民法院应当自收到书面异议之日起十五日内审查，理由成立的，裁定中止对该标的的执行；理由不成立的，裁定驳回。案外人、当事人对裁定不服，认为原判决、裁定错误的，依照审判监督程序办理；与原判决、裁定无关的，可以自裁定送达之日起十五日内向人民法院提起诉讼。

第二百三十五条 【执行员与执行机构】执行工作由执行员进行。

采取强制执行措施时，执行员应当出示证件。执行完毕后，应当将执行情况制作笔录，由在场的有关人员签名或者盖章。

人民法院根据需要可以设立执行机构。

第二百三十六条 【委托执行】被执行人或者被执行的财产在外地的，可以委托当地人民法院代为执行。受委托人民法院收到委托函件后，必须在十五日内开始执行，不得拒绝。执行完毕后，应当将执行结果及时函复委托人民法院；在三十日内如果还未执行完毕，也应当将执行情况函告委托人民法院。

受委托人民法院自收到委托函件之日起十五日内不执行的，委托人民法院可以请求受委托人民法院的上级人民法院指令受委托人民法院执行。

第二百三十七条 【执行和解】在执行中，双方当事人自行和解达成协议的，执行员应当将协议内容记入笔录，由双方当事人签名或者盖章。

申请执行人因受欺诈、胁迫与被执行人达成和解协议，或者当事人不履行和解协议的，人民法院可以根据当事人的申请，恢复对原生效法律文书的执行。

第二百三十八条 【执行担保】在执行中，被执行人向人民法院提供担保，并经申请执行人同意的，人民法院可以决定暂缓执行及暂缓执行的期限。被执行人逾期仍不履行的，人民法院有权执行被执行人的担保财产或者担保人的财产。

第二百三十九条 【被执行主体的变更】作为被执行人的公民死亡的，以其遗产偿还债务。作为被执行人的法人或者其他组织终止的，由其权利义务承受人履行义务。

第二百四十条 【执行回转】执行完毕后，据以执行的判决、裁定和其他法律文书确有错误，被人民法院撤销的，对已被执行的财产，人民法院应当作出裁定，责令取得财产的人返还；拒不返还的，强制执行。

第二百四十一条 【法院调解书的执行】人民法院制作的调解书的执行，适用本编的规定。

第二百四十二条 【对执行的法律监督】人民检察院有权对民事执行活动实行法律监督。

第二十章　执行的申请和移送

第二百四十三条　【申请执行与移送执行】发生法律效力的民事判决、裁定，当事人必须履行。一方拒绝履行的，对方当事人可以向人民法院申请执行，也可以由审判员移送执行员执行。

调解书和其他应当由人民法院执行的法律文书，当事人必须履行。一方拒绝履行的，对方当事人可以向人民法院申请执行。

第二百四十四条　【仲裁裁决的申请执行】对依法设立的仲裁机构的裁决，一方当事人不履行的，对方当事人可以向有管辖权的人民法院申请执行。受申请的人民法院应当执行。

被申请人提出证据证明仲裁裁决有下列情形之一的，经人民法院组成合议庭审查核实，裁定不予执行：

（一）当事人在合同中没有订有仲裁条款或者事后没有达成书面仲裁协议的；

（二）裁决的事项不属于仲裁协议的范围或者仲裁机构无权仲裁的；

（三）仲裁庭的组成或者仲裁的程序违反法定程序的；

（四）裁决所根据的证据是伪造的；

（五）对方当事人向仲裁机构隐瞒了足以影响公正裁决的证据的；

（六）仲裁员在仲裁该案时有贪污受贿，徇私舞弊，枉法裁决行为的。

人民法院认定执行该裁决违背社会公共利益的，裁定不予执行。

裁定书应当送达双方当事人和仲裁机构。

仲裁裁决被人民法院裁定不予执行的，当事人可以根据双方达成的书面仲裁协议重新申请仲裁，也可以向人民法院起诉。

第二百四十五条　【公证债权文书的申请执行】对公证机关依法赋予强制执行效力的债权文书，一方当事人不履行的，对方当事人可以向有管辖权的人民法院申请执行，受申请的人民法院应当执行。

公证债权文书确有错误的，人民法院裁定不予执行，并将裁定书送达双方当事人和公证机关。

第二百四十六条　【申请执行期间】申请执行的期间为二年。申请执行时效的中止、中断，适用法律有关诉讼时效中止、中断的规定。

前款规定的期间，从法律文书规定履行期间的最后一日起计算；法律文书规定分期履行的，从最后一期履行期限届满之日起计算；法律文书未规定履行期间的，从法律文书生效之日起计算。

第二百四十七条　【执行通知】执行员接到申请执行书或者移交执行书，应当向被执行人发出执行通知，并可以立即采取强制执行措施。

第二十一章 执 行 措 施

第二百四十八条 【被执行人报告财产情况】被执行人未按执行通知履行法律文书确定的义务,应当报告当前以及收到执行通知之日前一年的财产情况。被执行人拒绝报告或者虚假报告的,人民法院可以根据情节轻重对被执行人或者其法定代理人、有关单位的主要负责人或者直接责任人员予以罚款、拘留。

第二百四十九条 【被执行人存款等财产的执行】被执行人未按执行通知履行法律文书确定的义务,人民法院有权向有关单位查询被执行人的存款、债券、股票、基金份额等财产情况。人民法院有权根据不同情形扣押、冻结、划拨、变价被执行人的财产。人民法院查询、扣押、冻结、划拨、变价的财产不得超出被执行人应当履行义务的范围。

人民法院决定扣押、冻结、划拨、变价财产,应当作出裁定,并发出协助执行通知书,有关单位必须办理。

第二百五十条 【被执行人收入的执行】被执行人未按执行通知履行法律文书确定的义务,人民法院有权扣留、提取被执行人应当履行义务部分的收入。但应当保留被执行人及其所扶养家属的生活必需费用。

人民法院扣留、提取收入时,应当作出裁定,并发出协助执行通知书,被执行人所在单位、银行、信用合作社和其他有储蓄业务的单位必须办理。

第二百五十一条 【被执行人其他财产的执行】被执行人未按执行通知履行法律文书确定的义务,人民法院有权查封、扣押、冻结、拍卖、变卖被执行人应当履行义务部分的财产。但应当保留被执行人及其所扶养家属的生活必需品。

采取前款措施,人民法院应当作出裁定。

第二百五十二条 【查封、扣押】人民法院查封、扣押财产时,被执行人是公民的,应当通知被执行人或者他的成年家属到场;被执行人是法人或者其他组织的,应当通知其法定代表人或者主要负责人到场。拒不到场的,不影响执行。被执行人是公民的,其工作单位或者财产所在地的基层组织应当派人参加。

对被查封、扣押的财产,执行员必须造具清单,由在场人签名或者盖章后,交被执行人一份。被执行人是公民的,也可以交他的成年家属一份。

第二百五十三条 【被查封财产的保管】被查封的财产,执行员可以指定被执行人负责保管。因被执行人的过错造成的损失,由被执行人承担。

第二百五十四条 【拍卖、变卖】财产被查封、扣押后,执行员应当责令被执行人在指定期间履行法律文书确定的义务。被执行人逾期不履行的,人民法院应当拍卖被查封、扣押的财产;不适于拍卖或者当事人双方同意不进行拍卖的，人民法院可以委托有关单位变卖或者自行变卖。国家禁止自由买卖的物品，交有关单位按照国家规定的价格收购。

第二百五十五条　【搜查】被执行人不履行法律文书确定的义务，并隐匿财产的，人民法院有权发出搜查令，对被执行人及其住所或者财产隐匿地进行搜查。

采取前款措施，由院长签发搜查令。

第二百五十六条　【指定交付】法律文书指定交付的财物或者票证，由执行员传唤双方当事人当面交付，或者由执行员转交，并由被交付人签收。

有关单位持有该项财物或者票证的，应当根据人民法院的协助执行通知书转交，并由被交付人签收。

有关公民持有该项财物或者票证的，人民法院通知其交出。拒不交出的，强制执行。

第二百五十七条　【强制迁出】强制迁出房屋或者强制退出土地，由院长签发公告，责令被执行人在指定期间履行。被执行人逾期不履行的，由执行员强制执行。

强制执行时，被执行人是公民的，应当通知被执行人或者他的成年家属到场；被执行人是法人或者其他组织的，应当通知其法定代表人或者主要负责人到场。拒不到场的，不影响执行。被执行人是公民的，其工作单位或者房屋、土地所在地的基层组织应当派人参加。执行员应当将强制执行情况记入笔录，由在场人签名或者盖章。

强制迁出房屋被搬出的财物，由人民法院派人运至指定处所，交给被执行人。被执行人是公民的，也可以交给他的成年家属。因拒绝接收而造成的损失，由被执行人承担。

第二百五十八条　【财产权证照转移】在执行中，需要办理有关财产权证照转移手续的，人民法院可以向有关单位发出协助执行通知书，有关单位必须办理。

第二百五十九条　【行为的执行】对判决、裁定和其他法律文书指定的行为，被执行人未按执行通知履行的，人民法院可以强制执行或者委托有关单位或者其他人完成，费用由被执行人承担。

第二百六十条　【迟延履行的责任】被执行人未按判决、裁定和其他法律文书指定的期间履行给付金钱义务的，应当加倍支付迟延履行期间的债务利息。被执行人未按判决、裁定和其他法律文书指定的期间履行其他义务的，应当支付迟延履行金。

第二百六十一条　【继续执行】人民法院采取本法第二百四十九条、第二百五十条、第二百五十一条规定的执行措施后，被执行人仍不能偿还债务的，应当继续履行义务。债权人发现被执行人有其他财产的，可以随时请求人民法院执行。

第二百六十二条 【对被执行人的限制措施】被执行人不履行法律文书确定的义务的，人民法院可以对其采取或者通知有关单位协助采取限制出境，在征信系统记录、通过媒体公布不履行义务信息以及法律规定的其他措施。

第二十二章 执行中止和终结

第二百六十三条 【中止执行】有下列情形之一的，人民法院应当裁定中止执行：
（一）申请人表示可以延期执行的；
（二）案外人对执行标的提出确有理由的异议的；
（三）作为一方当事人的公民死亡，需要等待继承人继承权利或者承担义务的；
（四）作为一方当事人的法人或者其他组织终止，尚未确定权利义务承受人的；
（五）人民法院认为应当中止执行的其他情形。
中止的情形消失后，恢复执行。

第二百六十四条 【终结执行】有下列情形之一的，人民法院裁定终结执行：
（一）申请人撤销申请的；
（二）据以执行的法律文书被撤销的；
（三）作为被执行人的公民死亡，无遗产可供执行，又无义务承担人的；
（四）追索赡养费、扶养费、抚养费案件的权利人死亡的；
（五）作为被执行人的公民因生活困难无力偿还借款，无收入来源，又丧失劳动能力的；
（六）人民法院认为应当终结执行的其他情形。

第二百六十五条 【执行中止、终结裁定的生效】中止和终结执行的裁定，送达当事人后立即生效。

第四编 涉外民事诉讼程序的特别规定

第二十三章 一般原则

第二百六十六条 【适用本法原则】在中华人民共和国领域内进行涉外民事诉讼，适用本编规定。本编没有规定的，适用本法其他有关规定。

第二百六十七条 【信守国际条约原则】中华人民共和国缔结或者参加的国际条约同本法有不同规定的，适用该国际条约的规定，但中华人民共和国声明保留的条款除外。

第二百六十八条　【司法豁免原则】对享有外交特权与豁免的外国人、外国组织或者国际组织提起的民事诉讼,应当依照中华人民共和国有关法律和中华人民共和国缔结或者参加的国际条约的规定办理。

第二百六十九条　【使用我国通用语言、文字原则】人民法院审理涉外民事案件,应当使用中华人民共和国通用的语言、文字。当事人要求提供翻译的,可以提供,费用由当事人承担。

第二百七十条　【委托中国律师代理诉讼原则】外国人、无国籍人、外国企业和组织在人民法院起诉、应诉,需要委托律师代理诉讼的,必须委托中华人民共和国的律师。

第二百七十一条　【委托授权书的公证与认证】在中华人民共和国领域内没有住所的外国人、无国籍人、外国企业和组织委托中华人民共和国律师或者其他人代理诉讼,从中华人民共和国领域外寄交或者托交的授权委托书,应当经所在国公证机关证明,并经中华人民共和国驻该国使领馆认证,或者履行中华人民共和国与该所在国订立的有关条约中规定的证明手续后,才具有效力。

第二十四章　管　　辖

第二百七十二条　【特殊地域管辖】因合同纠纷或者其他财产权益纠纷,对在中华人民共和国领域内没有住所的被告提起的诉讼,如果合同在中华人民共和国领域内签订或者履行,或者诉讼标的物在中华人民共和国领域内,或者被告在中华人民共和国领域内有可供扣押的财产,或者被告在中华人民共和国领域内设有代表机构,可以由合同签订地、合同履行地、诉讼标的物所在地、可供扣押财产所在地、侵权行为地或者代表机构住所地人民法院管辖。

第二百七十三条　【专属管辖】因在中华人民共和国履行中外合资经营企业合同、中外合作经营企业合同、中外合作勘探开发自然资源合同发生纠纷提起的诉讼,由中华人民共和国人民法院管辖。

第二十五章　送达、期间

第二百七十四条　【送达方式】人民法院对在中华人民共和国领域内没有住所的当事人送达诉讼文书,可以采用下列方式:

(一)依照受送达人所在国与中华人民共和国缔结或者共同参加的国际条约中规定的方式送达;

(二)通过外交途径送达;

(三)对具有中华人民共和国国籍的受送达人,可以委托中华人民共和国驻受送达人所在国的使领馆代为送达；

（四）向受送达人委托的有权代其接受送达的诉讼代理人送达；

（五）向受送达人在中华人民共和国领域内设立的代表机构或者有权接受送达的分支机构、业务代办人送达；

（六）受送达人所在国的法律允许邮寄送达的，可以邮寄送达，自邮寄之日起满三个月，送达回证没有退回，但根据各种情况足以认定已经送达的，期间届满之日视为送达；

（七）采用传真、电子邮件等能够确认受送达人收悉的方式送达；

（八）不能用上述方式送达的，公告送达，自公告之日起满三个月，即视为送达。

第二百七十五条 【答辩期间】被告在中华人民共和国领域内没有住所的，人民法院应当将起诉状副本送达被告，并通知被告在收到起诉状副本后三十日内提出答辩状。被告申请延期的，是否准许，由人民法院决定。

第二百七十六条 【上诉期间】在中华人民共和国领域内没有住所的当事人，不服第一审人民法院判决、裁定的，有权在判决书、裁定书送达之日起三十日内提起上诉。被上诉人在收到上诉状副本后，应当在三十日内提出答辩状。当事人不能在法定期间提起上诉或者提出答辩状，申请延期的，是否准许，由人民法院决定。

第二百七十七条 【审理期间】人民法院审理涉外民事案件的期间，不受本法第一百五十二条、第一百八十三条规定的限制。

第二十六章 仲 裁

第二百七十八条 【或裁或审原则】涉外经济贸易、运输和海事中发生的纠纷，当事人在合同中订有仲裁条款或者事后达成书面仲裁协议，提交中华人民共和国涉外仲裁机构或者其他仲裁机构仲裁的，当事人不得向人民法院起诉。

当事人在合同中没有订有仲裁条款或者事后没有达成书面仲裁协议的，可以向人民法院起诉。

第二百七十九条 【仲裁程序中的保全】当事人申请采取保全的，中华人民共和国的涉外仲裁机构应当将当事人的申请，提交被申请人住所地或者财产所在地的中级人民法院裁定。

第二百八十条 【仲裁裁决的执行】经中华人民共和国涉外仲裁机构裁决的，当事人不得向人民法院起诉。一方当事人不履行仲裁裁决的，对方当事人可以向被申请人住所地或者财产所在地的中级人民法院申请执行。

第二百八十一条 【仲裁裁决不予执行的情形】对中华人民共和国涉外仲裁机构作出的裁决，被申请人提出证据证明仲裁裁决有下列情形之一的，经人民法院组成合议庭审查核实，裁定不予执行：

（一）当事人在合同中没有订有仲裁条款或者事后没有达成书面仲裁协议的；

（二）被申请人没有得到指定仲裁员或者进行仲裁程序的通知，或者由于其他不属于被申请人负责的原因未能陈述意见的；

（三）仲裁庭的组成或者仲裁的程序与仲裁规则不符的；

（四）裁决的事项不属于仲裁协议的范围或者仲裁机构无权仲裁的。

人民法院认定执行该裁决违背社会公共利益的，裁定不予执行。

第二百八十二条 【仲裁裁决不予执行的法律后果】仲裁裁决被人民法院裁定不予执行的，当事人可以根据双方达成的书面仲裁协议重新申请仲裁，也可以向人民法院起诉。

……

最高人民法院关于适用《中华人民共和国仲裁法》若干问题的解释[①]

（2005年12月26日最高人民法院审判委员会第1375次会议通过 2006年8月23日最高人民法院公告公布 自2006年9月8日起施行 法释〔2006〕7号）

根据《中华人民共和国仲裁法》和《中华人民共和国民事诉讼法》等法律规定，对人民法院审理涉及仲裁案件适用法律的若干问题作如下解释：

第一条 仲裁法第十六条规定的"其他书面形式"的仲裁协议，包括以合同书、信件和数据电文（包括电报、电传、传真、电子数据交换和电子邮件）等形式达成的请求仲裁的协议。

第二条 当事人概括约定仲裁事项为合同争议的，基于合同成立、效力、变更、转让、履行、违约责任、解释、解除等产生的纠纷都可以认定为仲裁事项。

第三条 仲裁协议约定的仲裁机构名称不准确，但能够确定具体的仲裁机构的，应当认定选定了仲裁机构。

---

① 根据《最高人民法院关于调整司法解释等文件中引用〈中华人民共和国民事诉讼法〉条文序号的决定》（法释〔2008〕18号），对本规定中涉及的《民事诉讼法》的条文序号作了改动。

第四条 仲裁协议仅约定纠纷适用的仲裁规则的，视为未约定仲裁机构，但当事人达成补充协议或者按照约定的仲裁规则能够确定仲裁机构的除外。

第五条 仲裁协议约定两个以上仲裁机构的，当事人可以协议选择其中的一个仲裁机构申请仲裁；当事人不能就仲裁机构选择达成一致的，仲裁协议无效。

第六条 仲裁协议约定由某地的仲裁机构仲裁且该地仅有一个仲裁机构的，该仲裁机构视为约定的仲裁机构。该地有两个以上仲裁机构的，当事人可以协议选择其中的一个仲裁机构申请仲裁；当事人不能就仲裁机构选择达成一致的，仲裁协议无效。

第七条 当事人约定争议可以向仲裁机构申请仲裁也可以向人民法院起诉的，仲裁协议无效。但一方向仲裁机构申请仲裁，另一方未在仲裁法第二十条第二款规定期间内提出异议的除外。

第八条 当事人订立仲裁协议后合并、分立的，仲裁协议对其权利义务的继受人有效。

当事人订立仲裁协议后死亡的，仲裁协议对承继其仲裁事项中的权利义务的继承人有效。

前两款规定情形，当事人订立仲裁协议时另有约定的除外。

第九条 债权债务全部或者部分转让的，仲裁协议对受让人有效，但当事人另有约定、在受让债权债务时受让人明确反对或者不知有单独仲裁协议的除外。

第十条 合同成立后未生效或者被撤销的，仲裁协议效力的认定适用仲裁法第十九条第一款的规定。

当事人在订立合同时就争议达成仲裁协议的，合同未成立不影响仲裁协议的效力。

第十一条 合同约定解决争议适用其他合同、文件中的有效仲裁条款的，发生合同争议时，当事人应当按照该仲裁条款提请仲裁。

涉外合同应当适用的有关国际条约中有仲裁规定的，发生合同争议时，当事人应当按照国际条约中的仲裁规定提请仲裁。

第十二条 当事人向人民法院申请确认仲裁协议效力的案件，由仲裁协议约定的仲裁机构所在地的中级人民法院管辖；仲裁协议约定的仲裁机构不明确的，由仲裁协议签订地或者被申请人住所地的中级人民法院管辖。

申请确认涉外仲裁协议效力的案件，由仲裁协议约定的仲裁机构所在地、仲裁协议签订地、申请人或者被申请人住所地的中级人民法院管辖。

涉及海事海商纠纷仲裁协议效力的案件，由仲裁协议约定的仲裁机构所在地、仲裁协议签订地、申请人或者被申请人住所地的海事法院管辖；上述地点没有海事法院的，由就近的海事法院管辖。

第十三条 依照仲裁法第二十条第二款的规定，当事人在仲裁庭首次开庭前没有对仲裁协议的效力提出异议,而后向人民法院申请确认仲裁协议无效的,人民法院不予受理。

仲裁机构对仲裁协议的效力作出决定后,当事人向人民法院申请确认仲裁协议效力或者申请撤销仲裁机构的决定的,人民法院不予受理。

第十四条 仲裁法第二十六条规定的"首次开庭"是指答辩期满后人民法院组织的第一次开庭审理,不包括审前程序中的各项活动。

第十五条 人民法院审理仲裁协议效力确认案件,应当组成合议庭进行审查,并询问当事人。

第十六条 对涉外仲裁协议的效力审查,适用当事人约定的法律;当事人没有约定适用的法律但约定了仲裁地的,适用仲裁地法律;没有约定适用的法律也没有约定仲裁地或者仲裁地约定不明的,适用法院地法律。

第十七条 当事人以不属于仲裁法第五十八条或者民事诉讼法第二百五十八条规定的事由申请撤销仲裁裁决的,人民法院不予支持。

第十八条 仲裁法第五十八条第一款第一项规定的"没有仲裁协议"是指当事人没有达成仲裁协议。仲裁协议被认定无效或者被撤销的,视为没有仲裁协议。

第十九条 当事人以仲裁裁决事项超出仲裁协议范围为由申请撤销仲裁裁决,经审查属实的,人民法院应当撤销仲裁裁决中的超裁部分。但超裁部分与其他裁决事项不可分的,人民法院应当撤销仲裁裁决。

第二十条 仲裁法第五十八条规定的"违反法定程序",是指违反仲裁法规定的仲裁程序和当事人选择的仲裁规则可能影响案件正确裁决的情形。

第二十一条 当事人申请撤销国内仲裁裁决的案件属于下列情形之一的,人民法院可以依照仲裁法第六十一条的规定通知仲裁庭在一定期限内重新仲裁:

(一)仲裁裁决所根据的证据是伪造的;

(二)对方当事人隐瞒了足以影响公正裁决的证据的。

人民法院应当在通知中说明要求重新仲裁的具体理由。

第二十二条 仲裁庭在人民法院指定的期限内开始重新仲裁的,人民法院应当裁定终结撤销程序;未开始重新仲裁的,人民法院应当裁定恢复撤销程序。

第二十三条 当事人对重新仲裁裁决不服的,可以在重新仲裁裁决书送达之日起六个月内依据仲裁法第五十八条规定向人民法院申请撤销。

第二十四条 当事人申请撤销仲裁裁决的案件,人民法院应当组成合议庭审理,并询问当事人。

第二十五条 人民法院受理当事人撤销仲裁裁决的申请后,另一方当事人申请执行同一仲裁裁决的,受理执行申请的人民法院应当在受理后裁定中止执行。

第二十六条 当事人向人民法院申请撤销仲裁裁决被驳回后,又在执行程序中以相同理由提出不予执行抗辩的,人民法院不予支持。

第二十七条 当事人在仲裁程序中未对仲裁协议的效力提出异议,在仲裁裁决作出后以仲裁协议无效为由主张撤销仲裁裁决或者提出不予执行抗辩的,人民法院不予支持。

当事人在仲裁程序中对仲裁协议的效力提出异议,在仲裁裁决作出后又以此为由主张撤销仲裁裁决或者提出不予执行抗辩,经审查符合仲裁法第五十八条或者民事诉讼法第二百一十三条、第二百五十八条规定的,人民法院应予支持。

第二十八条 当事人请求不予执行仲裁调解书或者根据当事人之间的和解协议作出的仲裁裁决书的,人民法院不予支持。

第二十九条 当事人申请执行仲裁裁决案件,由被执行人住所地或者被执行的财产所在地的中级人民法院管辖。

第三十条 根据审理撤销、执行仲裁裁决案件的实际需要,人民法院可以要求仲裁机构作出说明或者向相关仲裁机构调阅仲裁案卷。

人民法院在办理涉及仲裁的案件过程中作出的裁定,可以送相关的仲裁机构。

第三十一条 本解释自公布之日起实施。

本院以前发布的司法解释与本解释不一致的,以本解释为准。

中华人民共和国农村土地承包经营纠纷调解仲裁法

(2009年6月27日第十一届全国人民代表大会常务委员会第九次会议通过 2009年6月27日中华人民共和国主席令第14号公布 自2010年1月1日起施行)

第一章 总 则

第一条 【立法宗旨】为了公正、及时解决农村土地承包经营纠纷,维护当事人的合法权益,促进农村经济发展和社会稳定,制定本法。

第二条 【调整范围】农村土地承包经营纠纷调解和仲裁,适用本法。

农村土地承包经营纠纷包括:

(一)因订立、履行、变更、解除和终止农村土地承包合同发生的纠纷;

(二)因农村土地承包经营权转包、出租、互换、转让、入股等流转发生的纠纷；

（三）因收回、调整承包地发生的纠纷；

（四）因确认农村土地承包经营权发生的纠纷；

（五）因侵害农村土地承包经营权发生的纠纷；

（六）法律、法规规定的其他农村土地承包经营纠纷。

因征收集体所有的土地及其补偿发生的纠纷，不属于农村土地承包仲裁委员会的受理范围，可以通过行政复议或者诉讼等方式解决。

第三条　【和解、调解途径】发生农村土地承包经营纠纷的，当事人可以自行和解，也可以请求村民委员会、乡（镇）人民政府等调解。

第四条　【仲裁、诉讼途径】当事人和解、调解不成或者不愿和解、调解的，可以向农村土地承包仲裁委员会申请仲裁，也可以直接向人民法院起诉。

第五条　【基本原则】农村土地承包经营纠纷调解和仲裁，应当公开、公平、公正，便民高效，根据事实，符合法律，尊重社会公德。

第六条　【指导部门】县级以上人民政府应当加强对农村土地承包经营纠纷调解和仲裁工作的指导。

县级以上人民政府农村土地承包管理部门及其他有关部门应当依照职责分工，支持有关调解组织和农村土地承包仲裁委员会依法开展工作。

第二章　调　解

第七条　【调解工作】村民委员会、乡（镇）人民政府应当加强农村土地承包经营纠纷的调解工作，帮助当事人达成协议解决纠纷。

第八条　【调解申请】当事人申请农村土地承包经营纠纷调解可以书面申请，也可以口头申请。口头申请的，由村民委员会或者乡（镇）人民政府当场记录申请人的基本情况、申请调解的纠纷事项、理由和时间。

第九条　【调解方式】调解农村土地承包经营纠纷，村民委员会或者乡（镇）人民政府应当充分听取当事人对事实和理由的陈述，讲解有关法律以及国家政策，耐心疏导，帮助当事人达成协议。

第十条　【调解协议书】经调解达成协议的，村民委员会或者乡（镇）人民政府应当制作调解协议书。

调解协议书由双方当事人签名、盖章或者按指印，经调解人员签名并加盖调解组织印章后生效。

第十一条　【仲裁调解】仲裁庭对农村土地承包经营纠纷应当进行调解。调解达成协议的，仲裁庭应当制作调解书；调解不成的，应当及时作出裁决。

调解书应当写明仲裁请求和当事人协议的结果。调解书由仲裁员签名，加盖农村土地承包仲裁委员会印章，送达双方当事人。

调解书经双方当事人签收后,即发生法律效力。在调解书签收前当事人反悔的,仲裁庭应当及时作出裁决。

第三章 仲　　裁

第一节　仲裁委员会和仲裁员

第十二条　【农村土地承包仲裁委员会的设立】农村土地承包仲裁委员会,根据解决农村土地承包经营纠纷的实际需要设立。农村土地承包仲裁委员会可以在县和不设区的市设立,也可以在设区的市或者其市辖区设立。

农村土地承包仲裁委员会在当地人民政府指导下设立。设立农村土地承包仲裁委员会的,其日常工作由当地农村土地承包管理部门承担。

第十三条　【农村土地承包仲裁委员会的组成】农村土地承包仲裁委员会由当地人民政府及其有关部门代表、有关人民团体代表、农村集体经济组织代表、农民代表和法律、经济等相关专业人员兼任组成,其中农民代表和法律、经济等相关专业人员不得少于组成人员的二分之一。

农村土地承包仲裁委员会设主任一人、副主任一至二人和委员若干人。主任、副主任由全体组成人员选举产生。

第十四条　【农村土地承包仲裁委员会的职责】农村土地承包仲裁委员会依法履行下列职责:

(一)聘任、解聘仲裁员;

(二)受理仲裁申请;

(三)监督仲裁活动。

农村土地承包仲裁委员会应当依照本法制定章程,对其组成人员的产生方式及任期、议事规则等作出规定。

第十五条　【仲裁员的选任】农村土地承包仲裁委员会应当从公道正派的人员中聘任仲裁员。

仲裁员应当符合下列条件之一:

(一)从事农村土地承包管理工作满五年;

(二)从事法律工作或者人民调解工作满五年;

(三)在当地威信较高,并熟悉农村土地承包法律以及国家政策的居民。

第十六条　【仲裁员的培训】农村土地承包仲裁委员会应当对仲裁员进行农村土地承包法律以及国家政策的培训。

省、自治区、直辖市人民政府农村土地承包管理部门应当制定仲裁员培训计划,加强对仲裁员培训工作的组织和指导。

第十七条　【仲裁人员禁止行为】农村土地承包仲裁委员会组成人员、仲裁员应当依法履行职责,遵守农村土地承包仲裁委员会章程和仲裁规则,不得索贿受贿、徇私舞弊,不得侵害当事人的合法权益。

仲裁员有索贿受贿、徇私舞弊、枉法裁决以及接受当事人请客送礼等违法违纪行为的,农村土地承包仲裁委员会应当将其除名;构成犯罪的,依法追究刑事责任。

县级以上地方人民政府及有关部门应当受理对农村土地承包仲裁委员会组成人员、仲裁员违法违纪行为的投诉和举报,并依法组织查处。

第二节 申请和受理

第十八条 【仲裁时效】农村土地承包经营纠纷申请仲裁的时效期间为二年,自当事人知道或者应当知道其权利被侵害之日起计算。

第十九条 【仲裁参与人】农村土地承包经营纠纷仲裁的申请人、被申请人为当事人。家庭承包的,可以由农户代表人参加仲裁。当事人一方人数众多的,可以推选代表人参加仲裁。

与案件处理结果有利害关系的,可以申请作为第三人参加仲裁,或者由农村土地承包仲裁委员会通知其参加仲裁。

当事人、第三人可以委托代理人参加仲裁。

第二十条 【申请仲裁的条件】申请农村土地承包经营纠纷仲裁应当符合下列条件:

(一)申请人与纠纷有直接的利害关系;
(二)有明确的被申请人;
(三)有具体的仲裁请求和事实、理由;
(四)属于农村土地承包仲裁委员会的受理范围。

第二十一条 【仲裁申请】当事人申请仲裁,应当向纠纷涉及的土地所在地的农村土地承包仲裁委员会递交仲裁申请书。仲裁申请书可以邮寄或者委托他人代交。仲裁申请书应当载明申请人和被申请人的基本情况,仲裁请求和所根据的事实、理由,并提供相应的证据和证据来源。

书面申请确有困难的,可以口头申请,由农村土地承包仲裁委员会记入笔录,经申请人核实后由其签名、盖章或者按指印。

第二十二条 【仲裁申请的审查受理】农村土地承包仲裁委员会应当对仲裁申请予以审查,认为符合本法第二十条规定的,应当受理。有下列情形之一的,不予受理;已受理的,终止仲裁程序:

(一)不符合申请条件的;
(二)人民法院已受理该纠纷的;
(三)法律规定该纠纷应当由其他机构处理的;
(四)对该纠纷已有生效的判决、裁定、仲裁裁决、行政处理决定等。

第二十三条 【仲裁申请处理程序】农村土地承包仲裁委员会决定受理的,应当自收到仲裁申请之日起五个工作日内,将受理通知书、仲裁规则和仲裁员名册送达申请人；决定不予受理或者终止仲裁程序的，应当自收到仲裁申请或者发现终止仲裁程序情形之日起五个工作日内书面通知申请人，并说明理由。

第二十四条 【送达】农村土地承包仲裁委员会应当自受理仲裁申请之日起五个工作日内，将受理通知书、仲裁申请书副本、仲裁规则和仲裁员名册送达被申请人。

第二十五条 【仲裁答辩】被申请人应当自收到仲裁申请书副本之日起十日内向农村土地承包仲裁委员会提交答辩书；书面答辩确有困难的，可以口头答辩，由农村土地承包仲裁委员会记入笔录，经被申请人核实后由其签名、盖章或者按指印。农村土地承包仲裁委员会应当自收到答辩书之日起五个工作日内将答辩书副本送达申请人。被申请人未答辩的，不影响仲裁程序的进行。

第二十六条 【财产保全】一方当事人因另一方当事人的行为或者其他原因，可能使裁决不能执行或者难以执行的，可以申请财产保全。

当事人申请财产保全的，农村土地承包仲裁委员会应当将当事人的申请提交被申请人住所地或者财产所在地的基层人民法院。

申请有错误的，申请人应当赔偿被申请人因财产保全所遭受的损失。

第三节 仲裁庭的组成

第二十七条 【仲裁员的选定】仲裁庭由三名仲裁员组成，首席仲裁员由当事人共同选定，其他二名仲裁员由当事人各自选定；当事人不能选定的，由农村土地承包仲裁委员会主任指定。

事实清楚、权利义务关系明确、争议不大的农村土地承包经营纠纷，经双方当事人同意，可以由一名仲裁员仲裁。仲裁员由当事人共同选定或者由农村土地承包仲裁委员会主任指定。

农村土地承包仲裁委员会应当自仲裁庭组成之日起二个工作日内将仲裁庭组成情况通知当事人。

第二十八条 【回避】仲裁员有下列情形之一的，必须回避，当事人也有权以口头或者书面方式申请其回避：

（一）是本案当事人或者当事人、代理人的近亲属；

（二）与本案有利害关系；

（三）与本案当事人、代理人有其他关系，可能影响公正仲裁；

（四）私自会见当事人、代理人，或者接受当事人、代理人的请客送礼。

当事人提出回避申请，应当说明理由，在首次开庭前提出。回避事由在首次开庭后知道的，可以在最后一次开庭终结前提出。

第二十九条 【回避决定】农村土地承包仲裁委员会对回避申请应当及时作出决定，以口头或者书面方式通知当事人，并说明理由。

仲裁员是否回避，由农村土地承包仲裁委员会主任决定；农村土地承包仲裁委员会主任担任仲裁员时,由农村土地承包仲裁委员会集体决定。

仲裁员因回避或者其他原因不能履行职责的,应当依照本法规定重新选定或者指定仲裁员。

第四节　开庭和裁决

第三十条　【仲裁方式】农村土地承包经营纠纷仲裁应当开庭进行。

开庭可以在纠纷涉及的土地所在地的乡(镇)或者村进行,也可以在农村土地承包仲裁委员会所在地进行。当事人双方要求在乡(镇)或者村开庭的,应当在该乡(镇)或者村开庭。

开庭应当公开,但涉及国家秘密、商业秘密和个人隐私以及当事人约定不公开的除外。

第三十一条　【开庭事宜通知】仲裁庭应当在开庭五个工作日前将开庭的时间、地点通知当事人和其他仲裁参与人。

当事人有正当理由的,可以向仲裁庭请求变更开庭的时间、地点。是否变更,由仲裁庭决定。

第三十二条　【仲裁和解】当事人申请仲裁后,可以自行和解。达成和解协议的,可以请求仲裁庭根据和解协议作出裁决书,也可以撤回仲裁申请。

第三十三条　【仲裁请求】申请人可以放弃或者变更仲裁请求。被申请人可以承认或者反驳仲裁请求,有权提出反请求。

第三十四条　【撤回仲裁申请】仲裁庭作出裁决前,申请人撤回仲裁申请的,除被申请人提出反请求的外,仲裁庭应当终止仲裁。

第三十五条　【缺席裁决】申请人经书面通知,无正当理由不到庭或者未经仲裁庭许可中途退庭的,可以视为撤回仲裁申请。

被申请人经书面通知,无正当理由不到庭或者未经仲裁庭许可中途退庭的,可以缺席裁决。

第三十六条　【仲裁庭审】当事人在开庭过程中有权发表意见、陈述事实和理由、提供证据、进行质证和辩论。对不通晓当地通用语言文字的当事人,农村土地承包仲裁委员会应当为其提供翻译。

第三十七条　【证据规则】当事人应当对自己的主张提供证据。与纠纷有关的证据由作为当事人一方的发包方等掌握管理的,该当事人应当在仲裁庭指定的期限内提供,逾期不提供的,应当承担不利后果。

第三十八条　【证据收集】仲裁庭认为有必要收集的证据,可以自行收集。

第三十九条　【鉴定】仲裁庭对专门性问题认为需要鉴定的,可以交由当事人约定的鉴定机构鉴定;当事人没有约定的,由仲裁庭指定的鉴定机构鉴定。

根据当事人的请求或者仲裁庭的要求,鉴定机构应当派鉴定人参加开庭。

当事人经仲裁庭许可,可以向鉴定人提问。

第四十条 【质证】证据应当在开庭时出示,但涉及国家秘密、商业秘密和个人隐私的证据不得在公开开庭时出示。

仲裁庭应当依照仲裁规则的规定开庭,给予双方当事人平等陈述、辩论的机会,并组织当事人进行质证。

经仲裁庭查证属实的证据,应当作为认定事实的根据。

第四十一条 【证据保全】在证据可能灭失或者以后难以取得的情况下,当事人可以申请证据保全。当事人申请证据保全的,农村土地承包仲裁委员会应当将当事人的申请提交证据所在地的基层人民法院。

第四十二条 【先行裁定】对权利义务关系明确的纠纷,经当事人申请,仲裁庭可以先行裁定维持现状、恢复农业生产以及停止取土、占地等行为。

一方当事人不履行先行裁定的,另一方当事人可以向人民法院申请执行,但应当提供相应的担保。

第四十三条 【开庭笔录】仲裁庭应当将开庭情况记入笔录,由仲裁员、记录人员、当事人和其他仲裁参与人签名、盖章或者按指印。

当事人和其他仲裁参与人认为对自己陈述的记录有遗漏或者差错的,有权申请补正。如果不予补正,应当记录该申请。

第四十四条 【仲裁裁决】仲裁庭应当根据认定的事实和法律以及国家政策作出裁决并制作裁决书。

裁决应当按照多数仲裁员的意见作出,少数仲裁员的不同意见可以记入笔录。仲裁庭不能形成多数意见时,裁决应当按照首席仲裁员的意见作出。

第四十五条 【裁决书】裁决书应当写明仲裁请求、争议事实、裁决理由、裁决结果、裁决日期以及当事人不服仲裁裁决的起诉权利、期限,由仲裁员签名,加盖农村土地承包仲裁委员会印章。

农村土地承包仲裁委员会应当在裁决作出之日起三个工作日内将裁决书送达当事人,并告知当事人不服仲裁裁决的起诉权利、期限。

第四十六条 【独立仲裁原则】仲裁庭依法独立履行职责,不受行政机关、社会团体和个人的干涉。

第四十七条 【仲裁时限】仲裁农村土地承包经营纠纷,应当自受理仲裁申请之日起六十日内结束;案情复杂需要延长的,经农村土地承包仲裁委员会主任批准可以延长,并书面通知当事人,但延长期限不得超过三十日。

第四十八条 【裁决效力】当事人不服仲裁裁决的,可以自收到裁决书之日起三十日内向人民法院起诉。逾期不起诉的,裁决书即发生法律效力。

第四十九条 【申请执行】当事人对发生法律效力的调解书、裁决书,应当依照规定的期限履行。一方当事人逾期不履行的,另一方当事人可以向被申请人住所地或者财产所在地的基层人民法院申请执行。受理申请的人民法院应当依法执行。

第四章 附 则

第五十条 【农村土地界定】 本法所称农村土地,是指农民集体所有和国家所有依法由农民集体使用的耕地、林地、草地,以及其他依法用于农业的土地。

第五十一条 【仲裁规则等的制定】 农村土地承包经营纠纷仲裁规则和农村土地承包仲裁委员会示范章程,由国务院农业、林业行政主管部门依照本法规定共同制定。

第五十二条 【仲裁不收费】 农村土地承包经营纠纷仲裁不得向当事人收取费用,仲裁工作经费纳入财政预算予以保障。

第五十三条 【施行日期】 本法自2010年1月1日起施行。

最高人民法院关于审理涉及农村土地承包经营纠纷调解仲裁案件适用法律若干问题的解释

(2013年12月27日最高人民法院审判委员会第1601次会议通过 根据2020年12月23日最高人民法院审判委员会第1823次会议通过的《最高人民法院关于修改〈最高人民法院关于在民事审判工作中适用《中华人民共和国工会法》若干问题的解释〉等二十七件民事类司法解释的决定》修正 2020年12月29日最高人民法院公告公布 自2021年1月1日起施行 法释〔2020〕17号)

为正确审理涉及农村土地承包经营纠纷调解仲裁案件,根据《中华人民共和国农村土地承包法》《中华人民共和国农村土地承包经营纠纷调解仲裁法》《中华人民共和国民事诉讼法》等法律的规定,结合民事审判实践,就审理涉及农村土地承包经营纠纷调解仲裁案件适用法律的若干问题,制定本解释。

第一条 农村土地承包仲裁委员会根据农村土地承包经营纠纷调解仲裁法第十八条规定,以超过申请仲裁的时效期间为由驳回申请后,当事人就同一纠纷提起诉讼的,人民法院应予受理。

第二条 当事人在收到农村土地承包仲裁委员会作出的裁决书之日起三十日后或者签收农村土地承包仲裁委员会作出的调解书后,就同一纠纷向人民法院提起诉讼的,裁定不予受理;已经受理的,裁定驳回起诉。

第三条 当事人在收到农村土地承包仲裁委员会作出的裁决书之日起三十日内,向人民法院提起诉讼,请求撤销仲裁裁决的,人民法院应当告知当事人就原纠纷提起诉讼。

第四条 农村土地承包仲裁委员会依法向人民法院提交当事人财产保全申请的,申请财产保全的当事人为申请人。

农村土地承包仲裁委员会应当提交下列材料:

(一)财产保全申请书;
(二)农村土地承包仲裁委员会发出的受理案件通知书;
(三)申请人的身份证明;
(四)申请保全财产的具体情况。

人民法院采取保全措施,可以责令申请人提供担保,申请人不提供担保的,裁定驳回申请。

第五条 人民法院对农村土地承包仲裁委员会提交的财产保全申请材料,应当进行审查。符合前条规定的,应予受理;申请材料不齐全或不符合规定的,人民法院应当告知农村土地承包仲裁委员会需要补齐的内容。

人民法院决定受理的,应当于三日内向当事人送达受理通知书并告知农村土地承包仲裁委员会。

第六条 人民法院受理财产保全申请后,应当在十日内作出裁定。因特殊情况需要延长的,经本院院长批准,可以延长五日。

人民法院接受申请后,对情况紧急的,必须在四十八小时内作出裁定;裁定采取保全措施的,应当立即开始执行。

第七条 农村土地承包经营纠纷仲裁中采取的财产保全措施,在申请保全的当事人依法提起诉讼后,自动转为诉讼中的财产保全措施,并适用《最高人民法院关于适用〈中华人民共和国民事诉讼法〉的解释》第四百八十七条关于查封、扣押、冻结期限的规定。

第八条 农村土地承包仲裁委员会依法向人民法院提交当事人证据保全申请的,应当提供下列材料:

(一)证据保全申请书;
(二)农村土地承包仲裁委员会发出的受理案件通知书;
(三)申请人的身份证明;
(四)申请保全证据的具体情况。

对证据保全的具体程序事项,适用本解释第五、六、七条关于财产保全的规定。

第九条 农村土地承包仲裁委员会作出先行裁定后,一方当事人依法向被执行人住所地或者被执行的财产所在地基层人民法院申请执行的,人民法院应予受理和执行。

申请执行先行裁定的,应当提供以下材料:

（一）申请执行书；
（二）农村土地承包仲裁委员会作出的先行裁定书；
（三）申请执行人的身份证明；
（四）申请执行人提供的担保情况；
（五）其他应当提交的文件或证件。

第十条 当事人根据农村土地承包经营纠纷调解仲裁法第四十九条规定，向人民法院申请执行调解书、裁决书，符合《最高人民法院关于人民法院执行工作若干问题的规定（试行）》第十六条规定条件的，人民法院应予受理和执行。

第十一条 当事人因不服农村土地承包仲裁委员会作出的仲裁裁决向人民法院提起诉讼的，起诉期从其收到裁决书的次日起计算。

第十二条 本解释施行后，人民法院尚未审结的一审、二审案件适用本解释规定。本解释施行前已经作出生效裁判的案件，本解释施行后依法再审的，不适用本解释规定。

重新组建仲裁机构方案

（1995年7月28日　国办发〔1995〕44号）

一、关于重新组建仲裁机构的原则

（一）全面、准确地把握《中华人民共和国仲裁法》（以下简称仲裁法）精神，严格依照仲裁法组建。

（二）体现全心全意为人民服务的宗旨，保证仲裁能够按照公正、及时的原则解决经济纠纷。

（三）从实际情况出发，根据需要与可能进行组建。

（四）统一认识，加强领导，调动各方面的积极因素，保证仲裁工作平稳过渡。

二、关于仲裁委员会

（一）依法可以设立仲裁委员会的市只能组建一个统一的仲裁委员会，不得按照不同专业设立专业仲裁委员会或者专业仲裁庭。

（二）新组建的仲裁委员会的名称应当规范，一律在仲裁委员会之前冠以仲裁委员会所在市的地名（地名＋仲裁委员会），如北京仲裁委员会、广州仲裁委员会、深圳仲裁委员会等。

（三）仲裁委员会由主任1人、副主任2至4人和委员7至11人组成。其中，驻会专职组成人员1至2人，其他组成人员均为兼职。

仲裁委员会的组成人员由院校、科研机构、国家机关等方面的专家和有实际工作经验的人员担任。仲裁委员会的组成人员可以是仲裁员，也可以不是仲裁员。

第一届仲裁委员会的组成人员，由政府法制、经贸、体改、司法、工商、科技、建设等部门和贸促会、工商联等组织协商推荐，由市人民政府聘任。

（四）仲裁委员会设秘书长1人。秘书长可以由驻会专职组成人员兼任。

（五）仲裁委员会下设办事机构，负责办理仲裁案件受理、仲裁文书送达、档案管理、仲裁费用的收取与管理等事务。办事机构日常工作由仲裁委员会秘书长负责。

办事机构的设置和人员配备应当遵循精简、高效的原则。仲裁委员会设立初期，办事机构不宜配备过多的工作人员。以后随着仲裁工作量的增加，人员可以适当增加。

办事机构工作人员应当具备良好的思想品质、业务素质，择优聘用。

三、关于仲裁员

（一）仲裁委员会不设专职仲裁员。

（二）仲裁员由依法重新组建的仲裁委员会聘任。

仲裁委员会应当主要在本省、自治区、直辖市范围内符合仲裁法第十三条规定的人员中聘任仲裁员。

国家公务员及参照实行国家公务员制度的机关工作人员符合仲裁法第十三条规定的条件，并经所在单位同意，可以受聘为仲裁员，但是不得因从事仲裁工作影响本职工作。

仲裁委员会要按照不同专业设置仲裁员名册。

（三）仲裁员办理仲裁案件，由仲裁委员会依照仲裁规则的规定给付报酬。仲裁员没有办理仲裁案件的，不能取得报酬或者其他费用。

四、关于仲裁委员会的编制、经费和用房

仲裁委员会设立初期，其所在地的市人民政府应当参照有关事业单位的规定，解决仲裁委员会的人员编制、经费、用房等。仲裁委员会应当逐步做到自收自支。

五、关于新组建的仲裁委员会与现有仲裁机构的衔接

（一）聘任仲裁员、聘用办事机构工作人员，应当优先从现有仲裁机构符合条件的仲裁员、工作人员中考虑。

（二）当事人在现有仲裁机构依法终止之前达成仲裁协议，在现有仲裁机构依法终止之后又达成补充协议选定新的仲裁委员会的，可以依照仲裁法向重新选定的仲裁委员会申请仲裁；当事人达不成补充协议的，原仲裁协议无效。

仲裁委员会登记暂行办法

(1995年7月28日 国办发〔1995〕44号)

第一条 根据《中华人民共和国仲裁法》（以下简称仲裁法），制定本办法。

第二条 仲裁委员会的登记机关是省、自治区、直辖市的司法行政部门。

第三条 仲裁委员会可以在直辖市和省、自治区人民政府所在地的市设立，也可以根据需要在其他设区的市设立，不按行政区划层层设立。

设立仲裁委员会，应当向登记机关办理设立登记；未经设立登记的，仲裁裁决不具有法律效力。

办理设立登记，应当向登记机关提交下列文件：

（一）设立仲裁委员会申请书；
（二）组建仲裁委员会的市的人民政府设立仲裁委员会的文件；
（三）仲裁委员会章程；
（四）必要的经费证明；
（五）仲裁委员会住所证明；
（六）聘任的仲裁委员会组成人员的聘书副本；
（七）拟聘任的仲裁员名册。

第四条 登记机关应当在收到本办法第三条第三款规定的文件之日起10日内，对符合设立条件的仲裁委员会予以设立登记，并发给登记证书；对符合设立条件，但所提供的文件不符合本办法第三条第三款规定的，在要求补正后予以登记；对不符合本办法第三条第一款规定的，不予登记。

第五条 仲裁委员会变更住所、组成人员，应当在变更后的10日内向登记机关备案，并向登记机关提交与变更事项有关的文件。

第六条 仲裁委员会决议终止的，应当向登记机关办理注销登记。

仲裁委员会办理注销登记，应当向登记机关提交下列文件或者证书：

（一）注销登记申请书；
（二）组建仲裁委员会的市的人民政府同意注销该仲裁委员会的文件；
（三）有关机关确认的清算报告；
（四）仲裁委员会登记证书。

第七条 登记机关应当自收到本办法第六条第二款规定的文件、证书之日起10日内，对符合终止条件的仲裁委员会予以注销登记，收回仲裁委员会登记证书。

第八条 登记机关对仲裁委员会的设立登记、注销登记，自作出登记之日起生效，予以公告，并报国务院司法行政部门备案。

仲裁委员会登记证书，由国务院司法行政部门负责印制。

第九条 仲裁法施行前在直辖市和省、自治区人民政府所在地的市以及其他设区的市设立的仲裁机构，应当依照仲裁法和国务院的有关规定重新组建，并依照本办法申请设立登记；未重新组建的，自仲裁法施行之日起届满1年时终止。

仲裁法施行前设立的不符合仲裁法规定的其他仲裁机构，自仲裁法施行之日起终止。

第十条 本办法自1995年9月1日起施行。

仲裁委员会仲裁收费办法

(1995年7月28日　国办发〔1995〕44号)

第一条 为了规范仲裁委员会的仲裁收费，制定本办法。

第二条 当事人申请仲裁，应当按照本办法的规定向仲裁委员会交纳仲裁费用，仲裁费用包括案件受理费和案件处理费。

第三条 案件受理费用于给付仲裁员报酬、维持仲裁委员会正常运转的必要开支。

第四条 申请人应当自收到仲裁委员会受理通知书之日起15日内，按照仲裁案件受理费表的规定预交案件受理费。被申请人在提出反请求的同时，应当按照仲裁案件受理费表的规定预交案件受理费。

仲裁案件受理费的具体标准由仲裁委员会在仲裁案件受理费表规定的幅度内确定，并报仲裁委员会所在地的省、自治区、直辖市人民政府物价管理部门核准。

第五条 仲裁案件受理费表中的争议金额，以申请人请求的数额为准；请求的数额与实际争议金额不一致的，以实际争议金额为准。

申请仲裁时争议金额未确定的，由仲裁委员会根据争议所涉及权益的具体情况确定预先收取的案件受理费数额。

第六条 当事人预交案件受理费确有困难的，由当事人提出申请，经仲裁委员会批准，可以缓交。

当事人在本办法第四条第一款规定的期限内不预交案件受理费，又不提出缓交申请的，视为撤回仲裁申请。

第七条 案件处理费包括：

（一）仲裁员因办理仲裁案件出差、开庭而支出的食宿费、交通费及其他合理费用；

（二）证人、鉴定人、翻译人员等因出庭而支出的食宿费、交通费、误工补贴；
（三）咨询、鉴定、勘验、翻译等费用；
（四）复制、送达案件材料、文书的费用；
（五）其他应当由当事人承担的合理费用。
本条款第（二）、（三）项规定的案件处理费，由提出申请的一方当事人预付。

第八条 案件处理费的收费标准按照国家有关规定执行；国家没有规定的，按照合理的实际支出收取。

第九条 仲裁费用原则上由败诉的当事人承担；当事人部分胜诉、部分败诉的，由仲裁庭根据当事人各方责任大小确定其各自应当承担的仲裁费用的比例。当事人自行和解或者经仲裁庭调解结案的，当事人可以协商确定各自承担的仲裁费用的比例。

仲裁庭应当在调解书或者裁决书中写明双方当事人最终应当支付的仲裁费用金额。

第十条 依照仲裁法第六十一条的规定，仲裁庭同意重新仲裁的，仲裁委员会不得再行收取案件受理费。

仲裁庭依法对裁决书中的文字、计算错误或者仲裁庭已经裁决但在裁决书中遗漏的事项作出补正，不得收费。

第十一条 申请人经书面通知，无正当理由不到庭或者未经仲裁庭许可中途退庭，可以视为撤回仲裁申请，案件受理费、处理费不予退回。

第十二条 仲裁委员会受理仲裁申请后，仲裁庭组成前，申请人撤回仲裁申请，或者当事人自行达成和解协议并撤回仲裁申请的，案件受理费应当全部退回。

仲裁庭组成后，申请人撤回仲裁申请或者当事人自行达成和解协议并撤回仲裁申请的，应当根据实际情况酌情退回部分案件受理费。

第十三条 本办法第五条、第十二条的规定同样适用于被申请人提出反请求的情形。

第十四条 仲裁委员会收取仲裁案件受理费，应当使用省、自治区、直辖市人民政府财政部门统一印制的收费票据，并按照国家有关规定，建立、健全财务核算制度，加强财务、收支管理，接受财政、审计、税务、物价等部门的监督。

第十五条 本办法自1995年9月1日起施行。

附件：仲裁委员会仲裁案件受理费表

附件：

仲裁委员会仲裁案件受理费表

争议金额（人民币）	仲裁案件受理费（人民币）
1000 元以下的部分	40—100 元
1001 元至 50000 元的部分	按 4%—5% 交纳
50001 元至 100000 元的部分	按 3%—4% 交纳
100001 元至 200000 元的部分	按 2%—3% 交纳
200001 元至 500000 元的部分	按 1%—2% 交纳
500001 元至 1000000 元的部分	按 0.5%—1% 交纳
1000001 元以上的部分	按 0.25%—0.5% 交纳

国务院办公厅关于贯彻实施《中华人民共和国仲裁法》需要明确的几个问题的通知

（1996 年 6 月 8 日　国办发〔1996〕22 号）

各省、自治区、直辖市人民政府，国务院各部委、各直属机构：

为了保障《中华人民共和国仲裁法》（以下简称仲裁法）的正确实施，保证仲裁工作的连续性，保护经济纠纷当事人的合法权益，维护经济秩序，经国务院同意，现将贯彻实施仲裁法需要明确的几个问题通知如下，请认真贯彻执行：

一、国务院办公厅 1995 年 8 月 1 日印发的《重新组建仲裁机构方案》（国办发〔1995〕44 号）中关于新组建的仲裁委员会与原有仲裁机构受理仲裁案件衔接的规定修改为：仲裁法施行前当事人依法订立的仲裁协议继续有效；原仲裁协议选定或者按照仲裁法施行前国家有关仲裁的规定由直辖市或者省、自治区人民政府所在地的市或者其他设区的市范围内原各级仲裁机构仲裁的，分别由原仲裁机构所在地的直辖市或者省、自治区人民政府所在地的市或者其他设区的市新组建的仲裁委员会受理；原仲裁机构所在的地方依法不能组建或者可以组建但未组建仲裁委员会的，由省、自治区人民政府所在地的市新组建的仲裁委员会受理。凡当事人双方达成新的仲裁协议、选定其他新组建的仲裁委员会仲裁的，由双方选定的新组建的仲裁委员会受理；凡当事人双方协议放弃仲裁、选择诉讼方式解决纠纷、向人民法院起诉的，由人民法院受理。

二、国内仲裁案件的当事人依照仲裁法第二十八条的规定申请财产保全的，仲裁委员会应当将当事人的申请依照《中华人民共和国民事诉讼法》的有关规定提交被申请人住所地或者财产所在地的基层人民法院。

三、新组建的仲裁委员会的主要职责是受理国内仲裁案件；涉外仲裁案件的当事人自愿选择新组建的仲裁委员会仲裁的，新组建的仲裁委员会可以受理；新组建的仲裁委员会受理的涉外仲裁案件的仲裁收费与国内仲裁案件的仲裁收费应当采用同一标准。

四、请有关行政机关自本通知发布之日起两个月内，对其在仲裁法施行前制定的标准（格式）合同、合同示范文本中合同争议解决方式条款依照仲裁法的规定予以修订。修订后的格式是，合同争议解决方式由当事人在合同中约定从下列两种方式中选择一种：

（一）因履行本合同发生的争议，由当事人协商解决，协商不成的，提交××仲裁委员会仲裁；

（二）因履行本合同发生的争议，由当事人协商解决，协商不成的，依法向人民法院起诉。

本通知中有关法院职权范围内的问题，经商最高人民法院同意，将由最高人民法院另行发文。

最高人民法院关于确认仲裁协议效力几个问题的批复

（1998年10月21日最高人民法院审判委员会第1029次会议通过 1998年10月26日最高人民法院公告公布自1998年11月5日起施行　法释〔1998〕27号）

山东省高级人民法院：

你院鲁高法函〔1997〕84号《关于认定重建仲裁机构前达成的仲裁协议的效力的几个问题的请示》收悉。经研究，答复如下：

一、在《中华人民共和国仲裁法》实施后重新组建仲裁机构前，当事人达成的仲裁协议只约定了仲裁地点，未约定仲裁机构，双方当事人在补充协议中选定了在该地点依法重新组建的仲裁机构的，仲裁协议有效；双方当事人达不成补充协议的，仲裁协议无效。

二、在仲裁法实施后依法重新组建仲裁机构前，当事人在仲裁协议中约定了仲裁机构，一方当事人申请仲裁，另一方当事人向人民法院起诉的，经人民法院审查，按照有关规定能够确定新的仲裁机构的，仲裁协议有效。对当事人的起诉，人民法院不予受理。

三、当事人对仲裁协议的效力有异议,一方当事人申请仲裁机构确认仲裁协议效力,另一方当事人请求人民法院确认仲裁协议无效,如果仲裁机构先于人民法院接受申请并已作出决定,人民法院不予受理;如果仲裁机构接受申请后尚未作出决定,人民法院应予受理,同时通知仲裁机构终止仲裁。

四、一方当事人就合同纠纷或者其他财产权益纠纷申请仲裁,另一方当事人对仲裁协议的效力有异议,请求人民法院确认仲裁协议无效并就合同纠纷或者其他财产权益纠纷起诉的,人民法院受理后应当通知仲裁机构中止仲裁。人民法院依法作出仲裁协议有效或者无效的裁定后,应当将裁定书副本送达仲裁机构,由仲裁机构根据人民法院的裁定恢复仲裁或者撤销仲裁案件。

人民法院依法对仲裁协议作出无效的裁定后,另一方当事人拒不应诉的,人民法院可以缺席判决;原受理仲裁申请的仲裁机构在人民法院确认仲裁协议无效后仍不撤销其仲裁案件的,不影响人民法院对案件的审理。

此复

最高人民法院关于人民法院处理与涉外仲裁及外国仲裁事项有关问题的通知[①]

(1995年8月28日 法发〔1995〕18号)

各省、自治区、直辖市高级人民法院,解放军军事法院:

为严格执行《中华人民共和国民事诉讼法》以及我国参加的有关国际公约的规定,保障诉讼和仲裁活动依法进行,现决定对人民法院受理具有仲裁协议的涉外经济纠纷案、不予执行涉外仲裁裁决以及拒绝承认和执行外国仲裁裁决等问题建立报告制度。为此,特作如下通知:

一、凡起诉到人民法院的涉外、涉港澳和涉台经济、海事海商纠纷案件,如果当事人在合同中订有仲裁条款或者事后达成仲裁协议,人民法院认为该仲裁条款或者仲裁协议无效、失效或者内容不明确无法执行的,在决定受理一方当事人起诉之前,必须报请本辖区所属高级人民法院进行审查;如果高级人民法院同意受理,应将其审查意见报最高人民法院。在最高人民法院未作答复前,可暂不予受理。

---

① 根据《最高人民法院关于调整司法解释等文件中引用〈中华人民共和国民事诉讼法〉条文序号的决定》(法释〔2008〕18号),对本规定中涉及的《民事诉讼法》的条文序号作了改动。

二、凡一方当事人向人民法院申请执行我国涉外仲裁机构裁决，或者向人民法院申请承认和执行外国仲裁机构的裁决，如果人民法院认为我国涉外仲裁机构裁决具有民事诉讼法第二百五十八条情形之一的，或者申请承认和执行的外国仲裁裁决不符合我国参加的国际公约的规定或者不符合互惠原则的，在裁定不予执行或者拒绝承认和执行之前，必须报请本辖区所属高级人民法院进行审查；如果高级人民法院同意不予执行或者拒绝承认和执行，应将其审查意见报最高人民法院。待最高人民法院答复后，方可裁定不予执行或者拒绝承认和执行。

最高人民法院关于人民法院撤销涉外仲裁裁决有关事项的通知[①]

（1998年4月23日 法〔1998〕40号）

各省、自治区、直辖市高级人民法院，解放军军事法院：

为严格执行《中华人民共和国仲裁法》（以下简称仲裁法）和《中华人民共和国民事诉讼法》（以下简称民事诉讼法），保障诉讼和仲裁活动依法进行，现决定对人民法院撤销我国涉外仲裁裁决建立报告制度，为此，特作如下通知：

一、凡一方当事人按照仲裁法的规定向人民法院申请撤销我国涉外仲裁裁决，如果人民法院经审查认为涉外仲裁裁决具有民事诉讼法第二百五十八条第一款规定的情形之一的，在裁定撤销裁决或通知仲裁庭重新仲裁之前，须报请本辖区所属高级人民法院进行审查。如果高级人民法院同意撤销裁决或通知仲裁庭重新仲裁，应将其审查意见报最高人民法院。待最高人民法院答复后，方可裁定撤销裁决或通知仲裁庭重新仲裁。

二、受理申请撤销裁决的人民法院如认为应予撤销裁决或通知仲裁庭重新仲裁的，应在受理申请后三十日内报其所属的高级人民法院，该高级人民法院如同意撤销裁决或通知仲裁庭重新仲裁的，应在十五日内报最高人民法院，以严格执行仲裁法第六十条的规定。

---

① 本通知第1条中规定的"民事诉讼法第二百五十八条"对应2021年12月24日修改的《民事诉讼法》第281条第1款。

最高人民法院关于当事人对驳回其申请撤销仲裁裁决的裁定不服而申请再审，人民法院不予受理问题的批复

(2004年7月26日 法释〔2004〕9号)

陕西省高级人民法院：

你院陕高法〔2004〕225号《关于当事人不服人民法院驳回其申请撤销仲裁裁决的裁定申请再审，人民法院是否受理的请示》收悉。经研究，答复如下：

根据《中华人民共和国仲裁法》第九条规定的精神，当事人对人民法院驳回其申请撤销仲裁裁决的裁定不服而申请再审的，人民法院不予受理。

此复。

最高人民法院关于仲裁机构"先予仲裁"裁决或者调解书立案、执行等法律适用问题的批复

(2018年5月28日最高人民法院审判委员会第1740次会议通过 2018年6月5日最高人民法院公告公布 自2018年6月12日起施行 法释〔2018〕10号)

广东省高级人民法院：

你院《关于"先予仲裁"裁决应否立案执行的请示》（粤高法〔2018〕99号）收悉。经研究，批复如下：

当事人申请人民法院执行仲裁机构根据仲裁法作出的仲裁裁决或者调解书，人民法院经审查，符合民事诉讼法、仲裁法相关规定的，应当依法及时受理，立案执行。但是，根据仲裁法第二条的规定，仲裁机构可以仲裁的是当事人间已经发生的合同纠纷和其他财产权益纠纷。因此，网络借贷合同当事人申请执行仲裁机构在纠纷发生前作出的仲裁裁决或者调解书的，人民法院应当裁定不予受理；已经受理的，裁定驳回执行申请。

你院请示中提出的下列情形，应当认定为民事诉讼法第二百三十七条第二款第三项规定的"仲裁庭的组成或者仲裁的程序违反法定程序"的情形：

一、仲裁机构未依照仲裁法规定的程序审理纠纷或者主持调解，径行根据网络借贷合同当事人在纠纷发生前签订的和解或者调解协议作出仲裁裁决、仲裁调解书的；

二、仲裁机构在仲裁过程中未保障当事人申请仲裁员回避、提供证据、答辩等仲裁法规定的基本程序权利的。

前款规定情形中，网络借贷合同当事人以约定弃权条款为由，主张仲裁程序未违反法定程序的，人民法院不予支持。

人民法院办理其他合同纠纷、财产权益纠纷仲裁裁决或者调解书执行案件，适用本批复。

此复。

最高人民法院关于人民法院办理仲裁裁决执行案件若干问题的规定

（2018年1月5日最高人民法院审判委员会第1730次会议通过 2018年2月22日最高人民法院公告公布 自2018年3月1日起施行 法释〔2018〕5号）

为了规范人民法院办理仲裁裁决执行案件，依法保护当事人、案外人的合法权益，根据《中华人民共和国民事诉讼法》《中华人民共和国仲裁法》等法律规定，结合人民法院执行工作实际，制定本规定。

第一条 本规定所称的仲裁裁决执行案件，是指当事人申请人民法院执行仲裁机构依据仲裁法作出的仲裁裁决或者仲裁调解书的案件。

第二条 当事人对仲裁机构作出的仲裁裁决或者仲裁调解书申请执行的，由被执行人住所地或者被执行的财产所在地的中级人民法院管辖。

符合下列条件的，经上级人民法院批准，中级人民法院可以参照民事诉讼法第三十八条的规定指定基层人民法院管辖：

（一）执行标的额符合基层人民法院一审民商事案件级别管辖受理范围；

（二）被执行人住所地或者被执行的财产所在地在被指定的基层人民法院辖区内。

被执行人、案外人对仲裁裁决执行案件申请不予执行的，负责执行的中级人民法院应当另行立案审查处理；执行案件已指定基层人民法院管辖的，应当于收到不予执行申请后三日内移送原执行法院另行立案审查处理。

第三条 仲裁裁决或者仲裁调解书执行内容具有下列情形之一导致无法执

行的,人民法院可以裁定驳回执行申请;导致部分无法执行的,可以裁定驳回该部分的执行申请;导致部分无法执行且该部分与其他部分不可分的,可以裁定驳回执行申请。

(一)权利义务主体不明确;

(二)金钱给付具体数额不明确或者计算方法不明确导致无法计算出具体数额;

(三)交付的特定物不明确或者无法确定;

(四)行为履行的标准、对象、范围不明确;

仲裁裁决或者仲裁调解书仅确定继续履行合同,但对继续履行的权利义务,以及履行的方式、期限等具体内容不明确,导致无法执行的,依照前款规定处理。

第四条 对仲裁裁决主文或者仲裁调解书中的文字、计算错误以及仲裁庭已经认定但在裁决主文中遗漏的事项,可以补正或说明的,人民法院应当书面告知仲裁庭补正或说明,或者向仲裁机构调阅仲裁案卷查明。仲裁庭不补正也不说明,且人民法院调阅仲裁案卷后执行内容仍然不明确具体无法执行的,可以裁定驳回执行申请。

第五条 申请执行人对人民法院依照本规定第三条、第四条作出的驳回执行申请裁定不服的,可以自裁定送达之日起十日内向上一级人民法院申请复议。

第六条 仲裁裁决或者仲裁调解书确定交付的特定物已毁损或者灭失的,依照《最高人民法院关于适用〈中华人民共和国民事诉讼法〉的解释》第四百九十四条的规定处理。

第七条 被执行人申请撤销仲裁裁决并已由人民法院受理的,或者被执行人、案外人对仲裁裁决执行案件提出不予执行申请并提供适当担保的,执行法院应当裁定中止执行。中止执行期间,人民法院应当停止处分性措施,但申请执行人提供充分、有效的担保请求继续执行的除外;执行标的查封、扣押、冻结期限届满前,人民法院可以根据当事人申请或者依职权办理续行查封、扣押、冻结手续。

申请撤销仲裁裁决、不予执行仲裁裁决案件司法审查期间,当事人、案外人申请对已查封、扣押、冻结之外的财产采取保全措施的,负责审查的人民法院参照民事诉讼法第一百条的规定处理。司法审查后仍需继续执行的,保全措施自动转为执行中的查封、扣押、冻结措施;采取保全措施的人民法院与执行法院不一致的,应当将保全手续移送执行法院,保全裁定视为执行法院作出的裁定。

第八条 被执行人向人民法院申请不予执行仲裁裁决的,应当在执行通知书送达之日起十五日内提出书面申请;有民事诉讼法第二百三十七条第二款第四、六项规定情形且执行程序尚未终结的,应当自知道或者应当知道有关事实或案件之日起十五日内提出书面申请。

133

本条前款规定期限届满前，被执行人已向有管辖权的人民法院申请撤销仲裁裁决且已被受理的，自人民法院驳回撤销仲裁裁决申请的裁判文书生效之日起重新计算期限。

第九条 案外人向人民法院申请不予执行仲裁裁决或者仲裁调解书的，应当提交申请书以及证明其请求成立的证据材料，并符合下列条件：

（一）有证据证明仲裁案件当事人恶意申请仲裁或者虚假仲裁，损害其合法权益；

（二）案外人主张的合法权益所涉及的执行标的尚未执行终结；

（三）自知道或者应当知道人民法院对该标的采取执行措施之日起三十日内提出。

第十条 被执行人申请不予执行仲裁裁决，对同一仲裁裁决的多个不予执行事由应当一并提出。不予执行仲裁裁决申请被裁定驳回后，再次提出申请的，人民法院不予审查，但有新证据证明存在民事诉讼法第二百三十七条第二款第四、六项规定情形的除外。

第十一条 人民法院对不予执行仲裁裁决案件应当组成合议庭围绕被执行人申请的事由、案外人的申请进行审查；对被执行人没有申请的事由不予审查，但仲裁裁决可能违背社会公共利益的除外。

被执行人、案外人对仲裁裁决执行案件申请不予执行的，人民法院应当进行询问；被执行人在询问终结前提出其他不予执行事由的，应当一并审查。人民法院审查时，认为必要的，可以要求仲裁庭作出说明，或者向仲裁机构调阅仲裁案卷。

第十二条 人民法院对不予执行仲裁裁决案件的审查，应当在立案之日起两个月内审查完毕并作出裁定；有特殊情况需要延长的，经本院院长批准，可以延长一个月。

第十三条 下列情形经人民法院审查属实的，应当认定为民事诉讼法第二百三十七条第二款第二项规定的"裁决的事项不属于仲裁协议的范围或者仲裁机构无权仲裁的"情形：

（一）裁决的事项超出仲裁协议约定的范围；

（二）裁决的事项属于依照法律规定或者当事人选择的仲裁规则规定的不可仲裁事项；

（三）裁决内容超出当事人仲裁请求的范围；

（四）作出裁决的仲裁机构非仲裁协议所约定。

第十四条 违反仲裁法规定的仲裁程序、当事人选择的仲裁规则或者当事人对仲裁程序的特别约定，可能影响案件公正裁决，经人民法院审查属实的，应当认定为民事诉讼法第二百三十七条第二款第三项规定的"仲裁庭的组成或者仲裁的程序违反法定程序的"情形。

当事人主张未按照仲裁法或仲裁规则规定的方式送达法律文书导致其未能参与仲裁，或者仲裁员根据仲裁法或仲裁规则的规定应当回避而未回避，可能影响公正裁决,经审查属实的,人民法院应当支持;仲裁庭按照仲裁法或仲裁规则以及当事人约定的方式送达仲裁法律文书,当事人主张不符合民事诉讼法有关送达规定的,人民法院不予支持。

适用的仲裁程序或仲裁规则经特别提示,当事人知道或者应当知道法定仲裁程序或选择的仲裁规则未被遵守,但仍然参加或者继续参加仲裁程序且未提出异议,在仲裁裁决作出之后以违反法定程序为由申请不予执行仲裁裁决的,人民法院不予支持。

第十五条 符合下列条件的,人民法院应当认定为民事诉讼法第二百三十七条第二款第四项规定的"裁决所根据的证据是伪造的"情形:

(一)该证据已被仲裁裁决采信;

(二)该证据属于认定案件基本事实的主要证据;

(三)该证据经查明确属通过捏造、变造、提供虚假证明等非法方式形成或者获取,违反证据的客观性、关联性、合法性要求。

第十六条 符合下列条件的,人民法院应当认定为民事诉讼法第二百三十七条第二款第五项规定的"对方当事人向仲裁机构隐瞒了足以影响公正裁决的证据的"情形:

(一)该证据属于认定案件基本事实的主要证据;

(二)该证据仅为对方当事人掌握,但未向仲裁庭提交;

(三)仲裁过程中知悉存在该证据,且要求对方当事人出示或者请求仲裁庭责令其提交,但对方当事人无正当理由未予出示或者提交。

当事人一方在仲裁过程中隐瞒己方掌握的证据,仲裁裁决作出后以己方所隐瞒的证据足以影响公正裁决为由申请不予执行仲裁裁决的,人民法院不予支持。

第十七条 被执行人申请不予执行仲裁调解书或者根据当事人之间的和解协议、调解协议作出的仲裁裁决,人民法院不予支持,但该仲裁调解书或者仲裁裁决违背社会公共利益的除外。

第十八条 案外人根据本规定第九条申请不予执行仲裁裁决或者仲裁调解书,符合下列条件的,人民法院应当支持:

(一)案外人系权利或者利益的主体;

(二)案外人主张的权利或者利益合法、真实;

(三)仲裁案件当事人之间存在虚构法律关系,捏造案件事实的情形;

(四)仲裁裁决主文或者仲裁调解书处理当事人民事权利义务的结果部分或者全部错误,损害案外人合法权益。

第十九条 被执行人、案外人对仲裁裁决执行案件逾期申请不予执行的,人民法院应当裁定不予受理;已经受理的,应当裁定驳回不予执行申请。

被执行人、案外人对仲裁裁决执行案件申请不予执行,经审查理由成立的,人民法院应当裁定不予执行;理由不成立的,应当裁定驳回不予执行申请。

第二十条 当事人向人民法院申请撤销仲裁裁决被驳回后,又在执行程序中以相同事由提出不予执行申请的,人民法院不予支持;当事人向人民法院申请不予执行被驳回后,又以相同事由申请撤销仲裁裁决的,人民法院不予支持。

在不予执行仲裁裁决案件审查期间,当事人向有管辖权的人民法院提出撤销仲裁裁决申请并被受理的,人民法院应当裁定中止对不予执行申请的审查;仲裁裁决被撤销或者决定重新仲裁的,人民法院应当裁定终结执行,并终结对不予执行申请的审查;撤销仲裁裁决申请被驳回或者申请执行人撤回撤销仲裁裁决申请的,人民法院应当恢复对不予执行申请的审查;被执行人撤回撤销仲裁裁决申请的,人民法院应当裁定终结对不予执行申请的审查,但案外人申请不予执行仲裁裁决的除外。

第二十一条 人民法院裁定驳回撤销仲裁裁决申请或者驳回不予执行仲裁裁决、仲裁调解书申请的,执行法院应当恢复执行。

人民法院裁定撤销仲裁裁决或者基于被执行人申请裁定不予执行仲裁裁决,原被执行人申请执行回转或者解除强制执行措施的,人民法院应当支持。原申请执行人对已履行或者被人民法院强制执行的款物申请保全的,人民法院应当依法准许;原申请执行人在人民法院采取保全措施之日起三十日内,未根据双方达成的书面仲裁协议重新申请仲裁或者向人民法院起诉的,人民法院应当裁定解除保全。

人民法院基于案外人申请裁定不予执行仲裁裁决或者仲裁调解书,案外人申请执行回转或者解除强制执行措施的,人民法院应当支持。

第二十二条 人民法院裁定不予执行仲裁裁决、驳回或者不予受理不予执行仲裁裁决申请后,当事人对该裁定提出执行异议或者申请复议的,人民法院不予受理。

人民法院裁定不予执行仲裁裁决的,当事人可以根据双方达成的书面仲裁协议重新申请仲裁,也可以向人民法院起诉。

人民法院基于案外人申请裁定不予执行仲裁裁决或者仲裁调解书,当事人不服的,可以自裁定送达之日起十日内向上一级人民法院申请复议;人民法院裁定驳回或者不予受理案外人提出的不予执行仲裁裁决、仲裁调解书申请,案外人不服的,可以自裁定送达之日起十日内向上一级人民法院申请复议。

第二十三条 本规定第八条、第九条关于对仲裁裁决执行案件申请不予执行的期限自本规定施行之日起重新计算。

第二十四条 本规定自2018年3月1日起施行,最高人民法院以前发布的司法解释与本规定不一致的,以本规定为准。

本规定施行前已经执行终结的执行案件,不适用本规定;本规定施行后尚未执行终结的执行案件,适用本规定。

最高人民法院关于执行我国加入的《承认及执行外国仲裁裁决公约》的通知

(1987年4月10日 法(经)发〔1987〕5号)

全国地方各高、中级人民法院,各海事法院、铁路运输中级法院:

第六届全国人民代表大会常务委员会第十八次会议于1986年12月2日决定我国加入1958年在纽约通过的《承认及执行外国仲裁裁决公约》(以下简称《1958年纽约公约》),该公约将于1987年4月22日对我国生效。各高、中级人民法院都应立即组织经济、民事审判人员、执行人员以及其他有关人员认真学习这一重要的国际公约,并且切实依照执行。现就执行该公约的几个问题通知如下:

一、根据我国加入该公约时所作的互惠保留声明,我国对在另一缔约国领土作出的仲裁裁决的承认和执行适用该公约。该公约与我国民事诉讼法(试行)有不同规定的,按该公约的规定办理。

对于在非缔约国领土内作出的仲裁裁决,需要我国法院承认和执行的,应按民事诉讼法(试行)第二百零四条的规定办理。

二、根据我国加入该公约时所作的商事保留声明,我国仅对按照我国法律属于契约性和非契约性商事法律关系所引起的争议适用该公约。所谓"契约性和非契约性商事法律关系",具体的是指由于合同、侵权或者根据有关法律规定而产生的经济上的权利义务关系,例如货物买卖、财产租赁、工程承包、加工承揽、技术转让、合资经营、合作经营、勘探开发自然资源、保险、信贷、劳务、代理、咨询服务和海上、民用航空、铁路、公路的客货运输以及产品责任、环境污染、海上事故和所有权争议等,但不包括外国投资者与东道国政府之间的争端。

三、根据《1958年纽约公约》第四条的规定,申请我国法院承认和执行在另一缔约国领土内作出的仲裁裁决,是由仲裁裁决的一方当事人提出的。对于当事人的申请应由我国下列地点的中级人民法院受理:

(一)被执行人为自然人的,为其户籍所在地或者居所地;

(二)被执行人为法人的,为其主要办事机构所在地;

(三)被执行人在我国无住所、居所或者主要办事机构,但有财产在我国境内的,为其财产所在地。

四、我国有管辖权的人民法院接到一方当事人的申请后,应对申请承认及执行的仲裁裁决进行审查，如果认为不具有《1958年纽约公约》第五条第一、二两项所列的情形，应当裁定承认其效力，并且依照民事诉讼法（试行）规定的程序执行；如果认定具有第五条第二项所列的情形之一的，或者根据被执行人提供的证据证明具有第五条第一项所列的情形之一的，应当裁定驳回申请，拒绝承认及执行。

五、申请我国法院承认及执行的仲裁裁决，仅限于《1958年纽约公约》对我国生效后在另一缔约国领土内作出的仲裁裁决。该项申请应当在民事诉讼法（试行）第一百六十九条规定的申请执行期限内提出。

附一：

本通知引用的《承认及执行外国仲裁裁决公约》有关条款

第四条 一、声请承认及执行之一造，为取得前条所称之承认及执行，应于声请时提具：

（甲）原裁决之正本或其正式副本；

（乙）第二条所称协定之原本或其正式副本。

二、倘前述裁决或协定所用文字非为援引裁决地所在国之正式文字，声请承认及执行裁决之一造应具备各该文件之此项文字译本。译本应由公设或宣誓之翻译员或外交或领事人员认证之。

第五条 一、裁决唯有受裁决援用之一造向声请承认及执行地之主管机关提具证据证明有下列情形之一时，始得依该造之请求，拒予承认及执行：

（甲）第二条所称协定之当事人依对其适用之法律有某种无行为能力情形者，或该项协定依当事人作为协定准据之法律系属无效，或未指明何法律为准时，依裁决地所在国法律系属无效者；

（乙）受裁决援用之一造未接获关于指派仲裁员或仲裁程序之适当通知，或因他故，致未能申辩者；

（丙）裁决所处理之争议非为交付仲裁之标的或不在其条款之列，或裁决载有关于交付仲裁范围以外事项之决定者，但交付仲裁事项之决定可与未交付仲裁之事项划分时，裁决中关于交付仲裁事项之决定部得予承认及执行；

（丁）仲裁机关之组成或仲裁程序与各造间之协议不符，或无协议而与仲裁地所在国法律不符者；

（戊）裁决对各造尚无拘束力，或业经裁决地所在国或裁决所依据法律之国家之主管机关撤销或停止执行者。

二、倘声请承认及执行地所在国之主管机关认定有下列情形之一，亦得拒不承认及执行仲裁裁决：

（甲）依该国法律，争议事项系不能以仲裁解决者；
（乙）承认或执行裁决有违该国公共政策者。

附二：

本通知引用的《中华人民共和国民事诉讼法（试行）》有关条款

第一百六十九条 申请执行的期限，双方或者一方当事人是个人的为一年；双方是企业事业单位、机关、团体的为六个月。

第二百零四条 中华人民共和国人民法院对外国法院委托执行的已经确定的判决、裁决，应当根据中华人民共和国缔结或者参加的国际条约，或者按照互惠原则进行审查，认为不违反中华人民共和国法律的基本准则或者我国国家、社会利益的，裁定承认其效力，并且依照本法规定的程序执行。否则，应当退回外国法院。

最高人民法院关于内地与香港特别行政区相互执行仲裁裁决的安排

（1999年6月18日最高人民法院审判委员会第1069次会议通过 2000年1月24日最高人民法院公告公布 自2000年2月1日起施行 法释〔2000〕3号）

根据《中华人民共和国香港特别行政区基本法》第九十五条的规定，经最高人民法院与香港特别行政区（以下简称香港特区）政府协商，香港特区法院同意执行内地仲裁机构（名单由国务院法制办公室经国务院港澳事务办公室提供）依据《中华人民共和国仲裁法》所作出的裁决，内地人民法院同意执行在香港特区按香港特区《仲裁条例》所作出的裁决。现就内地与香港特区相互执行仲裁裁决的有关事宜作出如下安排：

一、在内地或者香港特区作出的仲裁裁决，一方当事人不履行仲裁裁决的，另一方当事人可以向被申请人住所地或者财产所在地的有关法院申请执行。

二、上条所述的有关法院，在内地指被申请人住所地或者财产所在地的中级人民法院，在香港特区指香港特区高等法院。

被申请人住所地或者财产所在地在内地不同的中级人民法院辖区内的，申请人可以选择其中一个人民法院申请执行裁决，不得分别向两个或者两个以上人民法院提出申请。

被申请人的住所地或者财产所在地,既在内地又在香港特区的,申请人不得同时分别向两地有关法院提出申请。只有一地法院执行不足以偿还其债务时,才可就不足部分向另一地法院申请执行。两地法院先后执行仲裁裁决的总额,不得超过裁决数额。

三、申请人向有关法院申请执行在内地或者香港特区作出的仲裁裁决的,应当提交以下文书:

(一)执行申请书;

(二)仲裁裁决书;

(三)仲裁协议。

四、执行申请书的内容应当载明下列事项:

(一)申请人为自然人的情况下,该人的姓名、地址;申请人为法人或者其他组织的情况下,该法人或其他组织的名称、地址及法定代表人姓名;

(二)被申请人为自然人的情况下,该人的姓名、地址;被申请人为法人或者其他组织的情况下,该法人或其他组织的名称、地址及法定代表人姓名;

(三)申请人为法人或者其他组织的,应当提交企业注册登记的副本。申请人是外国籍法人或者其他组织的,应当提交相应的公证和认证材料;

(四)申请执行的理由与请求的内容,被申请人的财产所在地及财产状况。

执行申请书应当以中文文本提出,裁决书或者仲裁协议没有中文文本的,申请人应当提交正式证明的中文译本。

五、申请人向有关法院申请执行内地或者香港特区仲裁裁决的期限依据执行地法律有关时限的规定。

六、有关法院接到申请人申请后,应当按执行地法律程序处理及执行。

七、在内地或者香港特区申请执行的仲裁裁决,被申请人接到通知后,提出证据证明有下列情形之一的,经审查核实,有关法院可裁定不予执行:

(一)仲裁协议当事人依对其适用的法律属于某种无行为能力的情形;或者该项仲裁协议依约定的准据法无效;或者未指明以何种法律为准时,依仲裁裁决地的法律是无效的;

(二)被申请人未接到指派仲裁员的适当通知,或者因他故未能陈述意见的;

(三)裁决所处理的争议不是交付仲裁的标的或者不在仲裁协议条款之内,或者裁决载有关于交付仲裁范围以外事项的决定的;但交付仲裁事项的决定可与未交付仲裁的事项划分时,裁决中关于交付仲裁事项的决定部分应当予以执行;

(四)仲裁庭的组成或者仲裁庭程序与当事人之间的协议不符,或者在有关当事人没有这种协议时与仲裁地的法律不符的;

(五)裁决对当事人尚无约束力,或者业经仲裁地的法院或者按仲裁地的法律撤销或者停止执行的。

有关法院认定依执行地法律，争议事项不能以仲裁解决的，则可不予执行该裁决。

内地法院认定在内地执行该仲裁裁决违反内地社会公共利益，或者香港特区法院决定在香港特区执行该仲裁裁决违反香港特区的公共政策，则可不予执行该裁决。

八、申请人向有关法院申请执行在内地或者香港特区作出的仲裁裁决，应当根据执行地法院有关诉讼收费的办法交纳执行费用。

九、1997年7月1日以后申请执行在内地或者香港特区作出的仲裁裁决按本安排执行。

十、对1997年7月1日至本安排生效之日的裁决申请问题，双方同意：

1997年7月1日至本安排生效之日因故未能向内地或者香港特区法院申请执行，申请人为法人或者其他组织的，可以在本安排生效后六个月内提出；如申请人为自然人的，可以在本安排生效后一年内提出。

对于内地或香港特区法院在1997年7月1日至本安排生效之日拒绝受理或者拒绝执行仲裁裁决的案件，应允许当事人重新申请。

十一、本安排在执行过程中遇有问题和修改，应当通过最高人民法院和香港特区政府协商解决。

最高人民法院关于内地与香港特别行政区相互执行仲裁裁决的补充安排

（2020年11月9日最高人民法院审判委员会第1815次会议通过　2020年11月26日最高人民法院公告公布　本司法解释第一条、第四条自2020年11月27日起施行　第二条、第三条自2021年5月19日起施行　法释〔2020〕13号）

依据《最高人民法院关于内地与香港特别行政区相互执行仲裁裁决的安排》（以下简称《安排》）第十一条的规定，最高人民法院与香港特别行政区政府经协商，作出如下补充安排：

一、《安排》所指执行内地或者香港特别行政区仲裁裁决的程序，应解释为包括认可和执行内地或者香港特别行政区仲裁裁决的程序。

二、将《安排》序言及第一条修改为："根据《中华人民共和国香港特别行政区基本法》第九十五条的规定，经最高人民法院与香港特别行政区（以下简称香港特区）政府协商，现就仲裁裁决的相互执行问题作出如下安排：

"一、内地人民法院执行按香港特区《仲裁条例》作出的仲裁裁决,香港特区法院执行按《中华人民共和国仲裁法》作出的仲裁裁决,适用本安排。"

三、将《安排》第二条第三款修改为:"被申请人在内地和香港特区均有住所地或者可供执行财产的,申请人可以分别向两地法院申请执行。应对方法院要求,两地法院应当相互提供本方执行仲裁裁决的情况。两地法院执行财产的总额,不得超过裁决确定的数额。"

四、在《安排》第六条中增加一款作为第二款:"有关法院在受理执行仲裁裁决申请之前或者之后,可以依申请并按照执行地法律规定采取保全或者强制措施。"

五、本补充安排第一条、第四条自2020年11月27日起施行,第二条、第三条在香港特别行政区完成有关程序后,由最高人民法院公布施行日期。

最高人民法院关于内地与澳门特别行政区相互认可和执行仲裁裁决的安排

(2007年9月17日最高人民法院审判委员会第1437次会议通过　2007年12月12日最高人民法院公告公布　自2008年1月1日起施行　法释〔2007〕17号)

根据《中华人民共和国澳门特别行政区基本法》第九十三条的规定,经最高人民法院与澳门特别行政区协商,现就内地与澳门特别行政区相互认可和执行仲裁裁决的有关事宜达成如下安排:

第一条　内地人民法院认可和执行澳门特别行政区仲裁机构及仲裁员按照澳门特别行政区仲裁法规在澳门作出的民商事仲裁裁决,澳门特别行政区法院认可和执行内地仲裁机构依据《中华人民共和国仲裁法》在内地作出的民商事仲裁裁决,适用本安排。

本安排没有规定的,适用认可和执行地的程序法律规定。

第二条　在内地或者澳门特别行政区作出的仲裁裁决,一方当事人不履行的,另一方当事人可以向被申请人住所地、经常居住地或者财产所在地的有关法院申请认可和执行。

内地有权受理认可和执行仲裁裁决申请的法院为中级人民法院。两个或者两个以上中级人民法院均有管辖权的,当事人应当选择向其中一个中级人民法院提出申请。

澳门特别行政区有权受理认可仲裁裁决申请的法院为中级法院,有权执行的法院为初级法院。

第三条 被申请人的住所地、经常居住地或者财产所在地分别在内地和澳门特别行政区的，申请人可以向一地法院提出认可和执行申请，也可以分别向两地法院提出申请。

当事人分别向两地法院提出申请的，两地法院都应当依法进行审查。予以认可的，采取查封、扣押或者冻结被执行人财产等执行措施。仲裁地法院应当先进行执行清偿；另一地法院在收到仲裁地法院关于经执行债权未获清偿情况的证明后，可以对申请人未获清偿的部分进行执行清偿。两地法院执行财产的总额，不得超过依据裁决和法律规定所确定的数额。

第四条 申请人向有关法院申请认可和执行仲裁裁决的，应当提交以下文件或者经公证的副本：

（一）申请书；

（二）申请人身份证明；

（三）仲裁协议；

（四）仲裁裁决书或者仲裁调解书。

上述文件没有中文文本的，申请人应当提交经正式证明的中文译本。

第五条 申请书应当包括下列内容：

（一）申请人或者被申请人为自然人的，应当载明其姓名及住所；为法人或者其他组织的，应当载明其名称及住所，以及其法定代表人或者主要负责人的姓名、职务和住所；申请人是外国籍法人或者其他组织的，应当提交相应的公证和认证材料；

（二）请求认可和执行的仲裁裁决书或者仲裁调解书的案号或识别资料和生效日期；

（三）申请认可和执行仲裁裁决的理由及具体请求，以及被申请人财产所在地、财产状况及该仲裁裁决的执行情况。

第六条 申请人向有关法院申请认可和执行内地或者澳门特别行政区仲裁裁决的期限，依据认可和执行地的法律确定。

第七条 对申请认可和执行的仲裁裁决，被申请人提出证据证明有下列情形之一的，经审查核实，有关法院可以裁定不予认可：

（一）仲裁协议一方当事人依对其适用的法律在订立仲裁协议时属于无行为能力的；或者依当事人约定的准据法，或当事人没有约定适用的准据法而依仲裁地法律，该仲裁协议无效的；

（二）被申请人未接到选任仲裁员或者进行仲裁程序的适当通知，或者因他故未能陈述意见的；

（三）裁决所处理的争议不是提交仲裁的争议，或者不在仲裁协议范围之内；或者裁决载有超出当事人提交仲裁范围的事项的决定，但裁决中超出提交仲裁范围的事项的决定与提交仲裁事项的决定可以分开的，裁决中关于提交仲裁事项的决定部分可以予以认可；

（四）仲裁庭的组成或者仲裁程序违反了当事人的约定，或者在当事人没有约定时与仲裁地的法律不符的；

（五）裁决对当事人尚无约束力，或者业经仲裁地的法院撤销或者拒绝执行的。

有关法院认定，依执行地法律，争议事项不能以仲裁解决的，不予认可和执行该裁决。

内地法院认定在内地认可和执行该仲裁裁决违反内地法律的基本原则或者社会公共利益，澳门特别行政区法院认定在澳门特别行政区认可和执行该仲裁裁决违反澳门特别行政区法律的基本原则或者公共秩序，不予认可和执行该裁决。

第八条 申请人依据本安排申请认可和执行仲裁裁决的，应当根据执行地法律的规定，交纳诉讼费用。

第九条 一方当事人向一地法院申请执行仲裁裁决，另一方当事人向另一地法院申请撤销该仲裁裁决，被执行人申请中止执行且提供充分担保的，执行法院应当中止执行。

根据经认可的撤销仲裁裁决的判决、裁定，执行法院应当终结执行程序；撤销仲裁裁决申请被驳回的，执行法院应当恢复执行。

当事人申请中止执行的，应当向执行法院提供其他法院已经受理申请撤销仲裁裁决案件的法律文书。

第十条 受理申请的法院应当尽快审查认可和执行的请求，并作出裁定。

第十一条 法院在受理认可和执行仲裁裁决申请之前或者之后，可以依当事人的申请，按照法院地法律规定，对被申请人的财产采取保全措施。

第十二条 由一方有权限公共机构（包括公证员）作成的文书正本或者经公证的文书副本及译本，在适用本安排时，可以免除认证手续在对方使用。

第十三条 本安排实施前，当事人提出的认可和执行仲裁裁决的请求，不适用本安排。

自1999年12月20日至本安排实施前，澳门特别行政区仲裁机构及仲裁员作出的仲裁裁决，当事人向内地申请认可和执行的期限，自本安排实施之日起算。

第十四条 为执行本安排，最高人民法院和澳门特别行政区终审法院应当相互提供相关法律资料。

最高人民法院和澳门特别行政区终审法院每年相互通报执行本安排的情况。

第十五条 本安排在执行过程中遇有问题或者需要修改的，由最高人民法院和澳门特别行政区协商解决。

第十六条 本安排自2008年1月1日起实施。

最高人民法院关于内地与澳门特别行政区就仲裁程序相互协助保全的安排

(2022年2月15日最高人民法院审判委员会第1864次会议通过　2022年2月24日最高人民法院公告公布　自2022年3月25日起施行　法释〔2022〕7号)

根据《中华人民共和国澳门特别行政区基本法》第九十三条的规定，经最高人民法院与澳门特别行政区协商，现就内地与澳门特别行政区关于仲裁程序相互协助保全作出如下安排。

第一条　本安排所称"保全"，在内地包括财产保全、证据保全、行为保全；在澳门特别行政区包括为确保受威胁的权利得以实现而采取的保存或者预行措施。

第二条　按照澳门特别行政区仲裁法规向澳门特别行政区仲裁机构提起民商事仲裁程序的当事人，在仲裁裁决作出前，可以参照《中华人民共和国民事诉讼法》《中华人民共和国仲裁法》以及相关司法解释的规定，向被申请人住所地、财产所在地或者证据所在地的内地中级人民法院申请保全。被申请人住所地、财产所在地或者证据所在地在不同人民法院辖区的，应当选择向其中一个人民法院提出申请，不得分别向两个或者两个以上人民法院提出申请。

在仲裁机构受理仲裁案件前申请保全，内地人民法院采取保全措施后三十日内未收到仲裁机构已受理仲裁案件的证明函件的，内地人民法院应当解除保全。

第三条　向内地人民法院申请保全的，应当提交下列材料：

(一) 保全申请书；

(二) 仲裁协议；

(三) 身份证明材料：申请人为自然人的，应当提交身份证件复印件；申请人为法人或者非法人组织的，应当提交注册登记证书的复印件以及法定代表人或者负责人的身份证件复印件；

(四) 在仲裁机构受理仲裁案件后申请保全的，应当提交包含主要仲裁请求和所根据的事实与理由的仲裁申请文件以及相关证据材料、仲裁机构出具的已受理有关仲裁案件的证明函件；

(五) 内地人民法院要求的其他材料。

身份证明材料系在内地以外形成的，应当依据内地相关法律规定办理证明手续。

向内地人民法院提交的文件没有中文文本的，应当提交中文译本。

第四条 向内地人民法院提交的保全申请书应当载明下列事项：

（一）当事人的基本情况：当事人为自然人的，包括姓名、住所、身份证件信息、通讯方式等；当事人为法人或者非法人组织的，包括法人或者非法人组织的名称、住所以及法定代表人或者主要负责人的姓名、职务、住所、身份证件信息、通讯方式等；

（二）请求事项，包括申请保全财产的数额、申请行为保全的内容和期限等；

（三）请求所依据的事实、理由和相关证据，包括关于情况紧急，如不立即保全将会使申请人合法权益受到难以弥补的损害或者将使仲裁裁决难以执行的说明等；

（四）申请保全的财产、证据的明确信息或者具体线索；

（五）用于提供担保的内地财产信息或者资信证明；

（六）是否已提出其他保全申请以及保全情况；

（七）其他需要载明的事项。

第五条 依据《中华人民共和国仲裁法》向内地仲裁机构提起民商事仲裁程序的当事人，在仲裁裁决作出前，可以根据澳门特别行政区法律规定，向澳门特别行政区初级法院申请保全。

在仲裁机构受理仲裁案件前申请保全的，申请人应当在澳门特别行政区法律规定的期间内，采取开展仲裁程序的必要措施，否则该保全措施失效。申请人应当将已作出必要措施及作出日期的证明送交澳门特别行政区法院。

第六条 向澳门特别行政区法院申请保全的，须附同下列资料：

（一）仲裁协议；

（二）申请人或者被申请人为自然人的，应当载明其姓名以及住所；为法人或者非法人组织的，应当载明其名称、住所以及法定代表人或者主要负责人的姓名、职务和住所；

（三）请求的详细资料，尤其包括请求所依据的事实和法律理由、申请标的的情况、财产的详细资料、须保全的金额、申请行为保全的详细内容和期限以及附同相关证据，证明权利受威胁以及解释恐防受侵害的理由；

（四）在仲裁机构受理仲裁案件后申请保全的，应当提交该仲裁机构出具的已受理有关仲裁案件的证明；

（五）是否已提出其他保全申请以及保全情况；

（六）法院要求的其他资料。

如向法院提交的文件并非使用澳门特别行政区的其中一种正式语文，则申请人应当提交其中一种正式语文的译本。

第七条 被请求方法院应当尽快审查当事人的保全申请，可以按照被请求方法律规定要求申请人提供担保。

经审查，当事人的保全申请符合被请求方法律规定的，被请求方法院应当作出保全裁定。

第八条 当事人对被请求方法院的裁定不服的，按被请求方相关法律规定处理。

第九条 当事人申请保全的，应当根据被请求方法律的规定交纳费用。

第十条 本安排不减损内地和澳门特别行政区的仲裁机构、仲裁庭、仲裁员、当事人依据对方法律享有的权利。

第十一条 本安排在执行过程中遇有问题或者需要修改的，由最高人民法院和澳门特别行政区协商解决。

第十二条 本安排自 2022 年 3 月 25 日起施行。

最高人民法院关于认可和执行台湾地区仲裁裁决的规定

（2015 年 6 月 2 日最高人民法院审判委员会第 1653 次会议通过 2015 年 6 月 29 日最高人民法院公告公布 自 2015 年 7 月 1 日起施行 法释〔2015〕14 号）

为保障海峡两岸当事人的合法权益，更好地适应海峡两岸关系和平发展的新形势，根据民事诉讼法、仲裁法等有关法律，总结人民法院涉台审判工作经验，就认可和执行台湾地区仲裁裁决，制定本规定。

第一条 台湾地区仲裁裁决的当事人可以根据本规定，作为申请人向人民法院申请认可和执行台湾地区仲裁裁决。

第二条 本规定所称台湾地区仲裁裁决是指，有关常设仲裁机构及临时仲裁庭在台湾地区按照台湾地区仲裁规定就有关民商事争议作出的仲裁裁决，包括仲裁判断、仲裁和解和仲裁调解。

第三条 申请人同时提出认可和执行台湾地区仲裁裁决申请的，人民法院先按照认可程序进行审查，裁定认可后，由人民法院执行机构执行。

申请人直接申请执行的，人民法院应当告知其一并提交认可申请；坚持不申请认可的，裁定驳回其申请。

第四条 申请认可台湾地区仲裁裁决的案件，由申请人住所地、经常居住地或者被申请人住所地、经常居住地、财产所在地中级人民法院或者专门人民法院受理。

申请人向两个以上有管辖权的人民法院申请认可的，由最先立案的人民法院管辖。

申请人向被申请人财产所在地人民法院申请认可的，应当提供财产存在的相关证据。

第五条 对申请认可台湾地区仲裁裁决的案件，人民法院应当组成合议庭进行审查。

第六条 申请人委托他人代理申请认可台湾地区仲裁裁决的，应当向人民法院提交由委托人签名或者盖章的授权委托书。

台湾地区、香港特别行政区、澳门特别行政区或者外国当事人签名或者盖章的授权委托书应当履行相关的公证、认证或者其他证明手续，但授权委托书在人民法院法官的见证下签署或者经中国大陆公证机关公证证明是在中国大陆签署的除外。

第七条 申请人申请认可台湾地区仲裁裁决，应当提交以下文件或者经证明无误的副本：

（一）申请书；

（二）仲裁协议；

（三）仲裁判断书、仲裁和解书或者仲裁调解书。

申请书应当记明以下事项：

（一）申请人和被申请人姓名、性别、年龄、职业、身份证件号码、住址（申请人或者被申请人为法人或者其他组织的，应当记明法人或者其他组织的名称、地址、法定代表人或者主要负责人姓名、职务）和通讯方式；

（二）申请认可的仲裁判断书、仲裁和解书或者仲裁调解书的案号或者识别资料和生效日期；

（三）请求和理由；

（四）被申请人财产所在地、财产状况及申请认可的仲裁裁决的执行情况；

（五）其他需要说明的情况。

第八条 对于符合本规定第四条和第七条规定条件的申请，人民法院应当在收到申请后七日内立案，并通知申请人和被申请人，同时将申请书送达被申请人；不符合本规定第四条和第七条规定条件的，应当在七日内裁定不予受理，同时说明不予受理的理由；申请人对裁定不服的，可以提起上诉。

第九条 申请人申请认可台湾地区仲裁裁决，应当提供相关证明文件，以证明该仲裁裁决的真实性。

申请人可以申请人民法院通过海峡两岸调查取证司法互助途径查明台湾地区仲裁裁决的真实性；人民法院认为必要时，也可以就有关事项依职权通过海峡两岸司法互助途径向台湾地区请求调查取证。

第十条 人民法院受理认可台湾地区仲裁裁决的申请之前或者之后，可以按照民事诉讼法及相关司法解释的规定，根据申请人的申请，裁定采取保全措施。

第十一条 人民法院受理认可台湾地区仲裁裁决的申请后，当事人就同一争议起诉的，不予受理。

当事人未申请认可，而是就同一争议向人民法院起诉的，亦不予受理，但仲裁协议无效的除外。

第十二条 人民法院受理认可台湾地区仲裁裁决的申请后,作出裁定前,申请人请求撤回申请的,可以裁定准许。

第十三条 人民法院应当尽快审查认可台湾地区仲裁裁决的申请,决定予以认可的,应当在立案之日起两个月内作出裁定;决定不予认可或者驳回申请的,应当在作出决定前按有关规定自立案之日起两个月内上报最高人民法院。

通过海峡两岸司法互助途径送达文书和调查取证的期间,不计入审查期限。

第十四条 对申请认可和执行的仲裁裁决,被申请人提出证据证明有下列情形之一的,经审查核实,人民法院裁定不予认可:

(一)仲裁协议一方当事人依对其适用的法律在订立仲裁协议时属于无行为能力的;或者依当事人约定的准据法,或当事人没有约定适用的准据法而依台湾地区仲裁规定,该仲裁协议无效的;或者当事人之间没有达成书面仲裁协议的,但申请认可台湾地区仲裁调解的除外;

(二)被申请人未接到选任仲裁员或进行仲裁程序的适当通知,或者由于其他不可归责于被申请人的原因而未能陈述意见的;

(三)裁决所处理的争议不是提交仲裁的争议,或者不在仲裁协议范围之内;或者裁决载有超出当事人提交仲裁范围的事项的决定,但裁决中超出提交仲裁范围的事项的决定与提交仲裁事项的决定可以分开的,裁决中关于提交仲裁事项的决定部分可以予以认可;

(四)仲裁庭的组成或者仲裁程序违反当事人的约定,或者在当事人没有约定时与台湾地区仲裁规定不符的;

(五)裁决对当事人尚无约束力,或者业经台湾地区法院撤销或者驳回执行申请的。

依据国家法律,该争议事项不能以仲裁解决的,或者认可该仲裁裁决将违反一个中国原则等国家法律的基本原则或损害社会公共利益的,人民法院应当裁定不予认可。

第十五条 人民法院经审查能够确认台湾地区仲裁裁决真实,而且不具有本规定第十四条所列情形的,裁定认可其效力;不能确认该仲裁裁决真实性的,裁定驳回申请。

裁定驳回申请的案件,申请人再次申请并符合受理条件的,人民法院应予受理。

第十六条 人民法院依据本规定第十四条和第十五条作出的裁定,一经送达即发生法律效力。

第十七条 一方当事人向人民法院申请认可或者执行台湾地区仲裁裁决,另一方当事人向台湾地区法院起诉撤销该仲裁裁决,被申请人申请中止认可或者执行并且提供充分担保的,人民法院应当中止认可或者执行程序。

申请中止认可或者执行的,应当向人民法院提供台湾地区法院已经受理撤销仲裁裁决案件的法律文书。

台湾地区法院撤销该仲裁裁决的,人民法院应当裁定不予认可或者裁定终结执行；台湾地区法院驳回撤销仲裁裁决请求的，人民法院应当恢复认可或者执行程序。

第十八条　对人民法院裁定不予认可的台湾地区仲裁裁决，申请人再次提出申请的，人民法院不予受理。但当事人可以根据双方重新达成的仲裁协议申请仲裁，也可以就同一争议向人民法院起诉。

第十九条　申请人申请认可和执行台湾地区仲裁裁决的期间，适用民事诉讼法第二百三十九条的规定。

申请人仅申请认可而未同时申请执行的，申请执行的期间自人民法院对认可申请作出的裁定生效之日起重新计算。

第二十条　人民法院在办理申请认可和执行台湾地区仲裁裁决案件中所作出的法律文书，应当依法送达案件当事人。

第二十一条　申请认可和执行台湾地区仲裁裁决，应当参照《诉讼费用交纳办法》的规定，交纳相关费用。

第二十二条　本规定自 2015 年 7 月 1 日起施行。

本规定施行前，根据《最高人民法院关于人民法院认可台湾地区有关法院民事判决的规定》（法释〔1998〕11 号），人民法院已经受理但尚未审结的申请认可和执行台湾地区仲裁裁决的案件，适用本规定。

中国国际经济贸易仲裁委员会仲裁规则

（2014 年 11 月 4 日中国国际贸易促进委员会、中国国际商会修订并通过　自 2015 年 1 月 1 日起施行）

第一章　总　则

第一条　仲裁委员会

（一）中国国际经济贸易仲裁委员会（以下简称"仲裁委员会"），原名中国国际贸易促进委员会对外贸易仲裁委员会、中国国际贸易促进委员会对外经济贸易仲裁委员会，同时使用"中国国际商会仲裁院"名称。

（二）当事人在仲裁协议中订明由中国国际贸易促进委员会／中国国际商会仲裁，或由中国国际贸易促进委员会／中国国际商会的仲裁委员会或仲裁院仲裁的，或使用仲裁委员会原名称为仲裁机构的，均视为同意由中国国际经济贸易仲裁委员会仲裁。

第二条　机构及职责

（一）仲裁委员会主任履行本规则赋予的职责。副主任根据主任的授权可以履行主任的职责。

（二）仲裁委员会设有仲裁院，在授权的副主任和仲裁院院长的领导下履行本规则规定的职责。

（三）仲裁委员会设在北京。仲裁委员会设有分会或仲裁中心（本规则附件一）。仲裁委员会的分会/仲裁中心是仲裁委员会的派出机构，根据仲裁委员会的授权，接受仲裁申请，管理仲裁案件。

（四）分会/仲裁中心设仲裁院，在分会/仲裁中心仲裁院院长的领导下履行本规则规定由仲裁委员会仲裁院履行的职责。

（五）案件由分会/仲裁中心管理的，本规则规定由仲裁委员会仲裁院院长履行的职责，由仲裁委员会仲裁院院长授权的分会/仲裁中心仲裁院院长履行。

（六）当事人可以约定将争议提交仲裁委员会或仲裁委员会分会/仲裁中心进行仲裁；约定由仲裁委员会进行仲裁的，由仲裁委员会仲裁院接受仲裁申请并管理案件；约定由分会/仲裁中心仲裁的，由所约定的分会/仲裁中心仲裁院接受仲裁申请并管理案件。约定的分会/仲裁中心不存在、被终止授权或约定不明的，由仲裁委员会仲裁院接受仲裁申请并管理案件。如有争议，由仲裁委员会作出决定。

第三条　受案范围

（一）仲裁委员会根据当事人的约定受理契约性或非契约性的经济贸易等争议案件。

（二）前款所述案件包括：

1. 国际或涉外争议案件；
2. 涉及香港特别行政区、澳门特别行政区及台湾地区的争议案件；
3. 国内争议案件。

第四条　规则的适用

（一）本规则统一适用于仲裁委员会及其分会/仲裁中心。

（二）当事人约定将争议提交仲裁委员会仲裁的，视为同意按照本规则进行仲裁。

（三）当事人约定将争议提交仲裁委员会仲裁但对本规则有关内容进行变更或约定适用其他仲裁规则的，从其约定，但其约定无法实施或与仲裁程序适用法强制性规定相抵触者除外。当事人约定适用其他仲裁规则的，由仲裁委员会履行相应的管理职责。

（四）当事人约定按照本规则进行仲裁但未约定仲裁机构的，视为同意将争议提交仲裁委员会仲裁。

（五）当事人约定适用仲裁委员会专业仲裁规则的，从其约定，但其争议不属于该专业仲裁规则适用范围的，适用本规则。

第五条　仲裁协议

（一）仲裁协议指当事人在合同中订明的仲裁条款或以其他方式达成的提交仲裁的书面协议。

（二）仲裁协议应当采取书面形式。书面形式包括合同书、信件、电报、电传、传真、电子数据交换和电子邮件等可以有形地表现所载内容的形式。在仲裁申请书和仲裁答辩书的交换中，一方当事人声称有仲裁协议而另一方当事人不做否认表示的，视为存在书面仲裁协议。

（三）仲裁协议的适用法对仲裁协议的形式及效力另有规定的，从其规定。

（四）合同中的仲裁条款应视为与合同其他条款分离的、独立存在的条款，附属于合同的仲裁协议也应视为与合同其他条款分离的、独立存在的一个部分；合同的变更、解除、终止、转让、失效、无效、未生效、被撤销以及成立与否，均不影响仲裁条款或仲裁协议的效力。

第六条 对仲裁协议及/或管辖权的异议

（一）仲裁委员会有权对仲裁协议的存在、效力以及仲裁案件的管辖权作出决定。如有必要，仲裁委员会也可以授权仲裁庭作出管辖权决定。

（二）仲裁委员会依表面证据认为存在有效仲裁协议的，可根据表面证据作出仲裁委员会有管辖权的决定，仲裁程序继续进行。仲裁委员会依表面证据作出的管辖权决定并不妨碍其根据仲裁庭在审理过程中发现的与表面证据不一致的事实及/或证据重新作出管辖权决定。

（三）仲裁庭依据仲裁委员会的授权作出管辖权决定时，可以在仲裁程序进行中单独作出，也可以在裁决书中一并作出。

（四）当事人对仲裁协议及/或仲裁案件管辖权的异议，应当在仲裁庭首次开庭前书面提出；书面审理的案件，应当在第一次实体答辩前提出。

（五）对仲裁协议及/或仲裁案件管辖权提出异议不影响仲裁程序的继续进行。

（六）上述管辖权异议及/或决定包括仲裁案件主体资格异议及/或决定。

（七）仲裁委员会或经仲裁委员会授权的仲裁庭作出无管辖权决定的，应当作出撤销案件的决定。撤案决定在仲裁庭组成前由仲裁委员会仲裁院院长作出，在仲裁庭组成后，由仲裁庭作出。

第七条 仲裁地

（一）当事人对仲裁地有约定的，从其约定。

（二）当事人对仲裁地未作约定或约定不明的，以管理案件的仲裁委员会或其分会/仲裁中心所在地为仲裁地；仲裁委员会也可视案件的具体情形确定其他地点为仲裁地。

（三）仲裁裁决视为在仲裁地作出。

第八条 送达及期限

（一）有关仲裁的一切文书、通知、材料等均可采用当面递交、挂号信、特快专递、传真或仲裁委员会仲裁院或仲裁庭认为适当的其他方式发送。

（二）上述第（一）款所述仲裁文件应发送当事人或其仲裁代理人自行提供的或当事人约定的地址；当事人或其仲裁代理人没有提供地址或当事人对地

址没有约定的，按照对方当事人或其仲裁代理人提供的地址发送。

（三）向一方当事人或其仲裁代理人发送的仲裁文件，如经当面递交收件人或发送至收件人的营业地、注册地、住所地、惯常居住地或通讯地址，或经对方当事人合理查询不能找到上述任一地点，仲裁委员会仲裁院以挂号信或特快专递或能提供投递记录的包括公证送达、委托送达和留置送达在内的其他任何手段投递给收件人最后一个为人所知的营业地、注册地、住所地、惯常居住地或通讯地址，即视为有效送达。

（四）本规则所规定的期限，应自当事人收到或应当收到仲裁委员会仲裁院向其发送的文书、通知、材料等之日的次日起计算。

第九条　诚实信用

仲裁参与人应遵循诚实信用原则，进行仲裁程序。

第十条　放弃异议

一方当事人知道或理应知道本规则或仲裁协议中规定的任何条款或情事未被遵守，仍参加仲裁程序或继续进行仲裁程序而且不对此不遵守情况及时地、明示地提出书面异议的，视为放弃其提出异议的权利。

第二章　仲裁程序

第一节　仲裁申请、答辩、反请求

第十一条　仲裁程序的开始

仲裁程序自仲裁委员会仲裁院收到仲裁申请书之日起开始。

第十二条　申请仲裁

当事人依据本规则申请仲裁时应：

（一）提交由申请人或申请人授权的代理人签名及/或盖章的仲裁申请书。仲裁申请书应写明：

1. 申请人和被申请人的名称和住所，包括邮政编码、电话、传真、电子邮箱或其他电子通讯方式；
2. 申请仲裁所依据的仲裁协议；
3. 案情和争议要点；
4. 申请人的仲裁请求；
5. 仲裁请求所依据的事实和理由。

（二）在提交仲裁申请书时，附具申请人请求所依据的证据材料以及其他证明文件。

（三）按照仲裁委员会制定的仲裁费用表的规定预缴仲裁费。

第十三条　案件的受理

（一）仲裁委员会根据当事人在争议发生之前或在争议发生之后达成的将

153

争议提交仲裁委员会仲裁的仲裁协议和一方当事人的书面申请，受理案件。

（二）仲裁委员会仲裁院收到申请人的仲裁申请书及其附件后，经审查，认为申请仲裁的手续完备的，应将仲裁通知、仲裁委员会仲裁规则和仲裁员名册各一份发送给双方当事人；申请人的仲裁申请书及其附件也应同时发送给被申请人。

（三）仲裁委员会仲裁院经审查认为申请仲裁的手续不完备的，可以要求申请人在一定的期限内予以完备。申请人未能在规定期限内完备申请仲裁手续的，视同申请人未提出仲裁申请；申请人的仲裁申请书及其附件，仲裁委员会仲裁院不予留存。

（四）仲裁委员会受理案件后，仲裁委员会仲裁院应指定一名案件秘书协助仲裁案件的程序管理。

第十四条　多份合同的仲裁

申请人就多份合同项下的争议可在同一仲裁案件中合并提出仲裁申请，但应同时符合下列条件：

1. 多份合同系主从合同关系；或多份合同所涉当事人相同且法律关系性质相同；

2. 争议源于同一交易或同一系列交易；

3. 多份合同中的仲裁协议内容相同或相容。

第十五条　答辩

（一）被申请人应自收到仲裁通知后45天内提交答辩书。被申请人确有正当理由请求延长提交答辩期限的，由仲裁庭决定是否延长答辩期限；仲裁庭尚未组成的，由仲裁委员会仲裁院作出决定。

（二）答辩书由被申请人或被申请人授权的代理人签名及/或盖章，并应包括下列内容及附件：

1. 被申请人的名称和住所，包括邮政编码、电话、传真、电子邮箱或其他电子通讯方式；

2. 对仲裁申请书的答辩及所依据的事实和理由；

3. 答辩所依据的证据材料以及其他证明文件。

（三）仲裁庭有权决定是否接受逾期提交的答辩书。

（四）被申请人未提交答辩书，不影响仲裁程序的进行。

第十六条　反请求

（一）被申请人如有反请求，应自收到仲裁通知后45天内以书面形式提交。被申请人确有正当理由请求延长提交反请求期限的，由仲裁庭决定是否延长反请求期限；仲裁庭尚未组成的，由仲裁委员会仲裁院作出决定。

（二）被申请人提出反请求时，应在其反请求申请书中写明具体的反请求事项及其所依据的事实和理由，并附具有关的证据材料以及其他证明文件。

（三）被申请人提出反请求，应按照仲裁委员会制定的仲裁费用表在规定的时间内预缴仲裁费。被申请人未按期缴纳反请求仲裁费的，视同未提出反请求申请。

（四）仲裁委员会仲裁院认为被申请人提出反请求的手续已完备的，应向双方当事人发出反请求受理通知。申请人应在收到反请求受理通知后30天内针对被申请人的反请求提交答辩。申请人确有正当理由请求延长提交答辩期限的，由仲裁庭决定是否延长答辩期限；仲裁庭尚未组成的，由仲裁委员会仲裁院作出决定。

（五）仲裁庭有权决定是否接受逾期提交的反请求和反请求答辩书。

（六）申请人对被申请人的反请求未提出书面答辩的，不影响仲裁程序的进行。

第十七条　变更仲裁请求或反请求

申请人可以申请对其仲裁请求进行变更，被申请人也可以申请对其反请求进行变更；但是仲裁庭认为其提出变更的时间过迟而影响仲裁程序正常进行的，可以拒绝其变更请求。

第十八条　追加当事人

（一）在仲裁程序中，一方当事人依据表面上约束被追加当事人的案涉仲裁协议可以向仲裁委员会申请追加当事人。在仲裁庭组成后申请追加当事人的，如果仲裁庭认为确有必要，应在征求包括被追加当事人在内的各方当事人的意见后，由仲裁委员会作出决定。

仲裁委员会仲裁院收到追加当事人申请之日视为针对该被追加当事人的仲裁开始之日。

（二）追加当事人申请书应包含现有仲裁案件的案号，涉及被追加当事人在内的所有当事人的名称、住所及通讯方式，追加当事人所依据的仲裁协议、事实和理由，以及仲裁请求。

当事人在提交追加当事人申请书时，应附具其申请所依据的证据材料以及其他证明文件。

（三）任何一方当事人就追加当事人程序提出仲裁协议及/或仲裁案件管辖权异议的，仲裁委员会有权基于仲裁协议及相关证据作出是否具有管辖权的决定。

（四）追加当事人程序开始后，在仲裁庭组成之前，由仲裁委员会仲裁院就仲裁程序的进行作出决定；在仲裁庭组成之后，由仲裁庭就仲裁程序的进行作出决定。

（五）在仲裁庭组成之前追加当事人的，本规则有关当事人选定或委托仲裁委员会主任指定仲裁员的规定适用于被追加当事人。仲裁庭的组成应按照本规则第二十九条的规定进行。

在仲裁庭组成后决定追加当事人的，仲裁庭应就已经进行的包括仲裁庭组成在内的仲裁程序征求被追加当事人的意见。被追加当事人要求选定或委托仲裁委员会主任指定仲裁员的，双方当事人应重新选定或委托仲裁委员会主任指定仲裁员。仲裁庭的组成应按照本规则第二十九条的规定进行。

（六）本规则有关当事人提交答辩及反请求的规定适用于被追加当事人。被追加当事人提交答辩及反请求的期限自收到追加当事人仲裁通知后起算。

（七）案涉仲裁协议表面上不能约束被追加当事人或存在其他任何不宜追加当事人的情形的，仲裁委员会有权决定不予追加。

第十九条　合并仲裁

（一）符合下列条件之一的，经一方当事人请求，仲裁委员会可以决定将根据本规则进行的两个或两个以上的仲裁案件合并为一个仲裁案件，进行审理。

1. 各案仲裁请求依据同一个仲裁协议提出；

2. 各案仲裁请求依据多份仲裁协议提出，该多份仲裁协议内容相同或相容，且各案当事人相同、各争议所涉及的法律关系性质相同；

3. 各案仲裁请求依据多份仲裁协议提出，该多份仲裁协议内容相同或相容，且涉及的多份合同为主从合同关系；

4. 所有案件的当事人均同意合并仲裁。

（二）根据上述第（一）款决定合并仲裁时，仲裁委员会应考虑各方当事人的意见及相关仲裁案件之间的关联性等因素，包括不同案件的仲裁员的选定或指定情况。

（三）除非各方当事人另有约定，合并的仲裁案件应合并至最先开始仲裁程序的仲裁案件。

（四）仲裁案件合并后，在仲裁庭组成之前，由仲裁委员会仲裁院就程序的进行作出决定；仲裁庭组成后，由仲裁庭就程序的进行作出决定。

第二十条　仲裁文件的提交与交换

（一）当事人的仲裁文件应提交至仲裁委员会仲裁院。

（二）仲裁程序中需发送或转交的仲裁文件，由仲裁委员会仲裁院发送或转交仲裁庭及当事人，当事人另有约定并经仲裁庭同意或仲裁庭另有决定者除外。

第二十一条　仲裁文件的份数

当事人提交的仲裁申请书、答辩书、反请求书和证据材料以及其他仲裁文件，应一式五份；多方当事人的案件，应增加相应份数；当事人提出财产保全申请或证据保全申请的，应增加相应份数；仲裁庭组成人数为一人的，应相应减少两份。

第二十二条　仲裁代理人

当事人可以授权中国及/或外国的仲裁代理人办理有关仲裁事项。当事人或其仲裁代理人应向仲裁委员会仲裁院提交授权委托书。

第二十三条　保全及临时措施

（一）当事人依据中国法律申请保全的，仲裁委员会应当依法将当事人的保全申请转交当事人指明的有管辖权的法院。

（二）根据所适用的法律或当事人的约定，当事人可以依据《中国国际经济贸易仲裁委员会紧急仲裁员程序》（本规则附件三）向仲裁委员会仲裁院申请紧急性临时救济。紧急仲裁员可以决定采取必要或适当的紧急性临时救济措施。紧急仲裁员的决定对双方当事人具有约束力。

（三）经一方当事人请求，仲裁庭依据所适用的法律或当事人的约定可以决定采取其认为必要或适当的临时措施，并有权决定由请求临时措施的一方当事人提供适当的担保。

第二节　仲裁员及仲裁庭

第二十四条　仲裁员的义务

仲裁员不代表任何一方当事人，应独立于各方当事人，平等地对待各方当事人。

第二十五条　仲裁庭的人数

（一）仲裁庭由一名或三名仲裁员组成。

（二）除非当事人另有约定或本规则另有规定，仲裁庭由三名仲裁员组成。

第二十六条　仲裁员的选定或指定

（一）仲裁委员会制定统一适用于仲裁委员会及其分会/仲裁中心的仲裁员名册；当事人从仲裁委员会制定的仲裁员名册中选定仲裁员。

（二）当事人约定在仲裁委员会仲裁员名册之外选定仲裁员的，当事人选定的或根据当事人约定指定的人士经仲裁委员会主任确认后可以担任仲裁员。

第二十七条　三人仲裁庭的组成

（一）申请人和被申请人应各自在收到仲裁通知后15天内选定或委托仲裁委员会主任指定一名仲裁员。当事人未在上述期限内选定或委托仲裁委员会主任指定的，由仲裁委员会主任指定。

（二）第三名仲裁员由双方当事人在被申请人收到仲裁通知后15天内共同选定或共同委托仲裁委员会主任指定。第三名仲裁员为仲裁庭的首席仲裁员。

（三）双方当事人可以各自推荐一至五名候选人作为首席仲裁员人选，并按照上述第（二）款规定的期限提交推荐名单。双方当事人的推荐名单中有一名人选相同的，该人选为双方当事人共同选定的首席仲裁员；有一名以上人选相同的，由仲裁委员会主任根据案件的具体情况在相同人选中确定一名首席仲裁员，该名首席仲裁员仍为双方共同选定的首席仲裁员；推荐名单中没有相同人选时，由仲裁委员会主任指定首席仲裁员。

（四）双方当事人未能按照上述规定共同选定首席仲裁员的，由仲裁委员会主任指定首席仲裁员。

第二十八条　独任仲裁庭的组成

仲裁庭由一名仲裁员组成的，按照本规则第二十七条第（二）、（三）、（四）款规定的程序，选定或指定独任仲裁员。

第二十九条　多方当事人仲裁庭的组成

（一）仲裁案件有两个或两个以上申请人及/或被申请人时，申请人方及/

或被申请人方应各自协商，各方共同选定或共同委托仲裁委员会主任指定一名仲裁员。

（二）首席仲裁员或独任仲裁员应按照本规则第二十七条第（二）、（三）、（四）款规定的程序选定或指定。申请人方及/或被申请人方按照本规则第二十七条第（三）款的规定选定首席仲裁员或独任仲裁员时，应各方共同协商，提交各方共同选定的候选人名单。

（三）如果申请人方及/或被申请人方未能在收到仲裁通知后15天内各方共同选定或各方共同委托仲裁委员会主任指定一名仲裁员，则由仲裁委员会主任指定仲裁庭三名仲裁员，并从中确定一人担任首席仲裁员。

第三十条　指定仲裁员的考虑因素

仲裁委员会主任根据本规则的规定指定仲裁员时，应考虑争议的适用法律、仲裁地、仲裁语言、当事人国籍，以及仲裁委员会主任认为应考虑的其他因素。

第三十一条　披露

（一）被选定或被指定的仲裁员应签署声明书，披露可能引起对其公正性和独立性产生合理怀疑的任何事实或情况。

（二）在仲裁程序中出现应披露情形的，仲裁员应立即书面披露。

（三）仲裁员的声明书及/或披露的信息应提交仲裁委员会仲裁院并转交各方当事人。

第三十二条　仲裁员的回避

（一）当事人收到仲裁员的声明书及/或书面披露后，如果以披露的事实或情况为理由要求该仲裁员回避，则应于收到仲裁员的书面披露后10天内书面提出。逾期没有申请回避的，不得以仲裁员曾经披露的事项为由申请该仲裁员回避。

（二）当事人对被选定或被指定的仲裁员的公正性和独立性产生具有正当理由的怀疑时，可以书面提出要求该仲裁员回避的请求，但应说明提出回避请求所依据的具体事实和理由，并举证。

（三）对仲裁员的回避请求应在收到组庭通知后15天内以书面形式提出；在此之后得知要求回避事由的，可以在得知回避事由后15天内提出，但应不晚于最后一次开庭终结。

（四）当事人的回避请求应当立即转交另一方当事人、被请求回避的仲裁员及仲裁庭其他成员。

（五）如果一方当事人请求仲裁员回避，另一方当事人同意回避请求，或被请求回避的仲裁员主动提出不再担任该仲裁案件的仲裁员，则该仲裁员不再担任仲裁员审理本案。上述情形并不表示当事人提出回避的理由成立。

（六）除上述第（五）款规定的情形外，仲裁员是否回避，由仲裁委员会主任作出终局决定并可以不说明理由。

（七）在仲裁委员会主任就仲裁员是否回避作出决定前，被请求回避的仲裁员应继续履行职责。

第三十三条　仲裁员的更换

（一）仲裁员在法律上或事实上不能履行职责，或没有按照本规则的要求或在本规则规定的期限内履行应尽职责时，仲裁委员会主任有权决定将其更换；该仲裁员也可以主动申请不再担任仲裁员。

（二）是否更换仲裁员，由仲裁委员会主任作出终局决定并可以不说明理由。

（三）在仲裁员因回避或更换不能履行职责时，应按照原选定或指定仲裁员的方式在仲裁委员会仲裁院规定的期限内选定或指定替代的仲裁员。当事人未选定或指定替代仲裁员的，由仲裁委员会主任指定替代的仲裁员。

（四）重新选定或指定仲裁员后，由仲裁庭决定是否重新审理及重新审理的范围。

第三十四条　多数仲裁员继续仲裁程序

最后一次开庭终结后，如果三人仲裁庭中的一名仲裁员因死亡或被除名等情形而不能参加合议及/或作出裁决，另外两名仲裁员可以请求仲裁委员会主任按照第三十三条的规定更换该仲裁员；在征求双方当事人意见并经仲裁委员会主任同意后，该两名仲裁员也可以继续进行仲裁程序，作出决定或裁决。仲裁委员会仲裁院应将上述情况通知双方当事人。

第三节　审　　理

第三十五条　审理方式

（一）除非当事人另有约定，仲裁庭可以按照其认为适当的方式审理案件。在任何情形下，仲裁庭均应公平和公正地行事，给予双方当事人陈述与辩论的合理机会。

（二）仲裁庭应开庭审理案件，但双方当事人约定并经仲裁庭同意或仲裁庭认为不必开庭审理并征得双方当事人同意的，可以只依据书面文件进行审理。

（三）除非当事人另有约定，仲裁庭可以根据案件的具体情况采用询问式或辩论式的庭审方式审理案件。

（四）仲裁庭可以在其认为适当的地点以其认为适当的方式进行合议。

（五）除非当事人另有约定，仲裁庭认为必要时可以就所审理的案件发布程序令、发出问题单、制作审理范围书、举行庭前会议等。经仲裁庭其他成员授权，首席仲裁员可以单独就仲裁案件的程序安排作出决定。

第三十六条　开庭地

（一）当事人约定了开庭地点的，仲裁案件的开庭审理应当在约定的地点进行，但出现本规则第八十二条第（三）款规定的情形的除外。

（二）除非当事人另有约定，由仲裁委员会仲裁院或其分会/仲裁中心仲裁院管理的案件应分别在北京或分会/仲裁中心所在地开庭审理；如仲裁庭认为必要，经仲裁委员会仲裁院院长同意，也可以在其他地点开庭审理。

第三十七条 开庭通知

（一）开庭审理的案件，仲裁庭确定第一次开庭日期后，应不晚于开庭前20天将开庭日期通知双方当事人。当事人有正当理由的，可以请求延期开庭，但应于收到开庭通知后5天内提出书面延期申请；是否延期，由仲裁庭决定。

（二）当事人有正当理由未能按上述第（一）款规定提出延期开庭申请的，是否接受其延期申请，由仲裁庭决定。

（三）再次开庭审理的日期及延期后开庭审理日期的通知及其延期申请，不受上述第（一）款期限的限制。

第三十八条 保密

（一）仲裁庭审理案件不公开进行。双方当事人要求公开审理的，由仲裁庭决定是否公开审理。

（二）不公开审理的案件，双方当事人及其仲裁代理人、仲裁员、证人、翻译、仲裁庭咨询的专家和指定的鉴定人，以及其他有关人员，均不得对外界透露案件实体和程序的有关情况。

第三十九条 当事人缺席

（一）申请人无正当理由开庭时不到庭的，或在开庭审理时未经仲裁庭许可中途退庭的，可以视为撤回仲裁申请；被申请人提出反请求的，不影响仲裁庭就反请求进行审理，并作出裁决。

（二）被申请人无正当理由开庭时不到庭的，或在开庭审理时未经仲裁庭许可中途退庭的，仲裁庭可以进行缺席审理并作出裁决；被申请人提出反请求的，可以视为撤回反请求。

第四十条 庭审笔录

（一）开庭审理时，仲裁庭可以制作庭审笔录及/或影音记录。仲裁庭认为必要时，可以制作庭审要点，并要求当事人及/或其代理人、证人及/或其他有关人员在庭审笔录或庭审要点上签字或盖章。

（二）庭审笔录、庭审要点和影音记录供仲裁庭查用。

（三）应一方当事人申请，仲裁委员会仲裁院视案件具体情况可以决定聘请速录人员速录庭审笔录，当事人应当预交由此产生的费用。

第四十一条 举证

（一）当事人应对其申请、答辩和反请求所依据的事实提供证据加以证明，对其主张、辩论及抗辩要点提供依据。

（二）仲裁庭可以规定当事人提交证据的期限。当事人应在规定的期限内提交证据。逾期提交的，仲裁庭可以不予接受。当事人在举证期限内提交证据材料确有困难的，可以在期限届满前申请延长举证期限。是否延长，由仲裁庭决定。

（三）当事人未能在规定的期限内提交证据，或虽提交证据但不足以证明其主张的，负有举证责任的当事人承担因此产生的后果。

第四十二条　质证

（一）开庭审理的案件，证据应在开庭时出示，当事人可以质证。

（二）对于书面审理的案件的证据材料，或对于开庭后提交的证据材料且当事人同意书面质证的，可以进行书面质证。书面质证时，当事人应在仲裁庭规定的期限内提交书面质证意见。

第四十三条　仲裁庭调查取证

（一）仲裁庭认为必要时，可以调查事实，收集证据。

（二）仲裁庭调查事实、收集证据时，可以通知当事人到场。经通知，一方或双方当事人不到场的，不影响仲裁庭调查事实和收集证据。

（三）仲裁庭调查收集的证据，应转交当事人，给予当事人提出意见的机会。

第四十四条　专家报告及鉴定报告

（一）仲裁庭可以就案件中的专门问题向专家咨询或指定鉴定人进行鉴定。专家和鉴定人可以是中国或外国的机构或自然人。

（二）仲裁庭有权要求当事人、当事人也有义务向专家或鉴定人提供或出示任何有关资料、文件或财产、实物，以供专家或鉴定人审阅、检验或鉴定。

（三）专家报告和鉴定报告的副本应转交当事人，给予当事人提出意见的机会。一方当事人要求专家或鉴定人参加开庭的，经仲裁庭同意，专家或鉴定人应参加开庭，并在仲裁庭认为必要时就所作出的报告进行解释。

第四十五条　程序中止

（一）双方当事人共同或分别请求中止仲裁程序，或出现其他需要中止仲裁程序的情形的，仲裁程序可以中止。

（二）中止程序的原因消失或中止程序期满后，仲裁程序恢复进行。

（三）仲裁程序的中止及恢复，由仲裁庭决定；仲裁庭尚未组成的，由仲裁委员会仲裁院院长决定。

第四十六条　撤回申请和撤销案件

（一）当事人可以撤回全部仲裁请求或全部仲裁反请求。申请人撤回全部仲裁请求的，不影响仲裁庭就被申请人的仲裁反请求进行审理和裁决。被申请人撤回全部仲裁反请求的，不影响仲裁庭就申请人的仲裁请求进行审理和裁决。

（二）因当事人自身原因致使仲裁程序不能进行的，可以视为其撤回仲裁请求。

（三）仲裁请求和反请求全部撤回的，案件可以撤销。在仲裁庭组成前撤销案件的，由仲裁委员会仲裁院院长作出撤案决定；仲裁庭组成后撤销案件的，由仲裁庭作出撤案决定。

（四）上述第（三）款及本规则第六条第（七）款所述撤案决定应加盖"中国国际经济贸易仲裁委员会"印章。

第四十七条　仲裁与调解相结合

（一）双方当事人有调解愿望的，或一方当事人有调解愿望并经仲裁庭征得另一方当事人同意的,仲裁庭可以在仲裁程序中对案件进行调解。双方当事人也可以自行和解。

（二）仲裁庭在征得双方当事人同意后可以按照其认为适当的方式进行调解。

（三）调解过程中,任何一方当事人提出终止调解或仲裁庭认为已无调解成功的可能时,仲裁庭应终止调解。

（四）双方当事人经仲裁庭调解达成和解或自行和解的,应签订和解协议。

（五）当事人经调解达成或自行达成和解协议的,可以撤回仲裁请求或反请求,也可以请求仲裁庭根据当事人和解协议的内容作出裁决书或制作调解书。

（六）当事人请求制作调解书的,调解书应当写明仲裁请求和当事人书面和解协议的内容,由仲裁员署名,并加盖"中国国际经济贸易仲裁委员会"印章,送达双方当事人。

（七）调解不成功的,仲裁庭应当继续进行仲裁程序并作出裁决。

（八）当事人有调解愿望但不愿在仲裁庭主持下进行调解的,经双方当事人同意,仲裁委员会可以协助当事人以适当的方式和程序进行调解。

（九）如果调解不成功,任何一方当事人均不得在其后的仲裁程序、司法程序和其他任何程序中援引对方当事人或仲裁庭在调解过程中曾发表的意见、提出的观点、作出的陈述、表示认同或否定的建议或主张作为其请求、答辩或反请求的依据。

（十）当事人在仲裁程序开始之前自行达成或经调解达成和解协议的,可以依据由仲裁委员会仲裁的仲裁协议及其和解协议,请求仲裁委员会组成仲裁庭,按照和解协议的内容作出仲裁裁决。除非当事人另有约定,仲裁委员会主任指定一名独任仲裁员成立仲裁庭,由仲裁庭按照其认为适当的程序进行审理并作出裁决。具体程序和期限,不受本规则其他条款关于程序和期限的限制。

第三章　裁　　决

第四十八条　作出裁决的期限

（一）仲裁庭应在组庭后6个月内作出裁决书。

（二）经仲裁庭请求,仲裁委员会仲裁院院长认为确有正当理由和必要的,可以延长该期限。

（三）程序中止的期间不计入上述第（一）款规定的裁决期限。

第四十九条　裁决的作出

（一）仲裁庭应当根据事实和合同约定,依照法律规定,参考国际惯例,公平合理、独立公正地作出裁决。

（二）当事人对于案件实体适用法有约定的,从其约定。当事人没有约定或其约定与法律强制性规定相抵触的，由仲裁庭决定案件实体的法律适用。

（三）仲裁庭在裁决书中应写明仲裁请求、争议事实、裁决理由、裁决结果、仲裁费用的承担、裁决的日期和地点。当事人协议不写明争议事实和裁决理由的，以及按照双方当事人和解协议的内容作出裁决书的，可以不写明争议事实和裁决理由。仲裁庭有权在裁决书中确定当事人履行裁决的具体期限及逾期履行所应承担的责任。

（四）裁决书应加盖"中国国际经济贸易仲裁委员会"印章。

（五）由三名仲裁员组成的仲裁庭审理的案件，裁决依全体仲裁员或多数仲裁员的意见作出。少数仲裁员的书面意见应附卷，并可以附在裁决书后，该书面意见不构成裁决书的组成部分。

（六）仲裁庭不能形成多数意见的，裁决依首席仲裁员的意见作出。其他仲裁员的书面意见应附卷，并可以附在裁决书后，该书面意见不构成裁决书的组成部分。

（七）除非裁决依首席仲裁员意见或独任仲裁员意见作出并由其署名，裁决书应由多数仲裁员署名。持有不同意见的仲裁员可以在裁决书上署名，也可以不署名。

（八）作出裁决书的日期，即为裁决发生法律效力的日期。

（九）裁决是终局的，对双方当事人均有约束力。任何一方当事人均不得向法院起诉，也不得向其他任何机构提出变更仲裁裁决的请求。

第五十条　部分裁决

（一）仲裁庭认为必要或当事人提出请求并经仲裁庭同意的，仲裁庭可以在作出最终裁决之前，就当事人的某些请求事项先行作出部分裁决。部分裁决是终局的，对双方当事人均有约束力。

（二）一方当事人不履行部分裁决，不影响仲裁程序的继续进行，也不影响仲裁庭作出最终裁决。

第五十一条　裁决书草案的核阅

仲裁庭应在签署裁决书之前将裁决书草案提交仲裁委员会核阅。在不影响仲裁庭独立裁决的情况下，仲裁委员会可以就裁决书的有关问题提请仲裁庭注意。

第五十二条　费用承担

（一）仲裁庭有权在裁决书中裁定当事人最终应向仲裁委员会支付的仲裁费和其他费用。

（二）仲裁庭有权根据案件的具体情况在裁决书中裁定败诉方应补偿胜诉方因办理案件而支出的合理费用。仲裁庭裁定败诉方补偿胜诉方因办理案件而支出的费用是否合理时，应具体考虑案件的裁决结果、复杂程度、胜诉方当事人及/或代理人的实际工作量以及案件的争议金额等因素。

第五十三条　裁决书的更正

（一）仲裁庭可以在发出裁决书后的合理时间内自行以书面形式对裁决书

中的书写、打印、计算上的错误或其他类似性质的错误作出更正。

（二）任何一方当事人均可以在收到裁决书后30天内就裁决书中的书写、打印、计算上的错误或其他类似性质的错误，书面申请仲裁庭作出更正；如确有错误，仲裁庭应在收到书面申请后30天内作出书面更正。

（三）上述书面更正构成裁决书的组成部分，应适用本规则第四十九条第（四）至（九）款的规定。

第五十四条 补充裁决

（一）如果裁决书中有遗漏事项，仲裁庭可以在发出裁决书后的合理时间内自行作出补充裁决。

（二）任何一方当事人可以在收到裁决书后30天内以书面形式请求仲裁庭就裁决书中遗漏的事项作出补充裁决；如确有漏裁事项，仲裁庭应在收到上述书面申请后30天内作出补充裁决。

（三）该补充裁决构成裁决书的一部分，应适用本规则第四十九条第（四）至（九）款的规定。

第五十五条 裁决的履行

（一）当事人应依照裁决书写明的期限履行仲裁裁决；裁决书未写明履行期限的，应立即履行。

（二）一方当事人不履行裁决的，另一方当事人可以依法向有管辖权的法院申请执行。

第四章 简易程序

第五十六条 简易程序的适用

（一）除非当事人另有约定，凡争议金额不超过人民币500万元，或争议金额超过人民币500万元但经一方当事人书面申请并征得另一方当事人书面同意，或双方当事人约定适用简易程序的，适用简易程序。

（二）没有争议金额或争议金额不明确的，由仲裁委员会根据案件的复杂程度、涉及利益的大小以及其他有关因素综合考虑决定是否适用简易程序。

第五十七条 仲裁通知

申请人提出仲裁申请，经审查可以受理并适用简易程序的，仲裁委员会仲裁院应向双方当事人发出仲裁通知。

第五十八条 仲裁庭的组成

除非当事人另有约定，适用简易程序的案件，依照本规则第二十八条的规定成立独任仲裁庭审理案件。

第五十九条 答辩和反请求

（一）被申请人应在收到仲裁通知后20天内提交答辩书及证据材料以及其他证明文件；如有反请求，也应在此期限内提交反请求书及证据材料以及其他证明文件。

（二）申请人应在收到反请求书及其附件后20天内针对被申请人的反请求提交答辩。

（三）当事人确有正当理由请求延长上述期限的，由仲裁庭决定是否延长；仲裁庭尚未组成的，由仲裁委员会仲裁院作出决定。

第六十条　审理方式

仲裁庭可以按照其认为适当的方式审理案件，可以在征求当事人意见后决定只依据当事人提交的书面材料和证据进行书面审理，也可以决定开庭审理。

第六十一条　开庭通知

（一）对于开庭审理的案件，仲裁庭确定第一次开庭日期后，应不晚于开庭前15天将开庭日期通知双方当事人。当事人有正当理由的，可以请求延期开庭，但应在收到开庭通知后3天内提出书面延期申请；是否延期，由仲裁庭决定。

（二）当事人有正当理由未能按上述第（一）款规定提出延期开庭申请的，是否接受其延期申请，由仲裁庭决定。

（三）再次开庭审理的日期及延期后开庭审理日期的通知及其延期申请，不受上述第（一）款期限的限制。

第六十二条　作出裁决的期限

（一）仲裁庭应在组庭后3个月内作出裁决书。

（二）经仲裁庭请求，仲裁委员会仲裁院院长认为确有正当理由和必要的，可以延长该期限。

（三）程序中止的期间不计入上述第（一）款规定的裁决期限。

第六十三条　程序变更

仲裁请求的变更或反请求的提出，不影响简易程序的继续进行。经变更的仲裁请求或反请求所涉争议金额分别超过人民币500万元的案件，除非当事人约定或仲裁庭认为有必要变更为普通程序，继续适用简易程序。

第六十四条　本规则其他条款的适用

本章未规定的事项，适用本规则其他各章的有关规定。

第五章　国内仲裁的特别规定

第六十五条　本章的适用

（一）国内仲裁案件，适用本章规定。

（二）符合本规则第五十六条规定的国内仲裁案件，适用第四章简易程序的规定。

第六十六条　案件的受理

（一）收到仲裁申请书后，仲裁委员会仲裁院认为仲裁申请符合本规则第十二条规定的受理条件的，应当在5天内通知当事人；认为不符合受理条件的，应书面通知当事人不予受理，并说明理由。

（二）收到仲裁申请书后，仲裁委员会仲裁院经审查认为申请仲裁的手续不符合本规则第十二条规定的，可以要求当事人在规定的期限内予以完备。

第六十七条　仲裁庭的组成

仲裁庭应按照本规则第二十五条、第二十六条、第二十七条、第二十八条、第二十九条和第三十条的规定组成。

第六十八条　答辩和反请求

（一）被申请人应在收到仲裁通知后20天内提交答辩书及所依据的证据材料以及其他证明文件；如有反请求，也应在此期限内提交反请求书及所依据的证据材料以及其他证明文件。

（二）申请人应在收到反请求书及其附件后20天内针对被申请人的反请求提交答辩。

（三）当事人确有正当理由请求延长上述期限的，由仲裁庭决定是否延长；仲裁庭尚未组成的，由仲裁委员会仲裁院作出决定。

第六十九条　开庭通知

（一）对于开庭审理的案件，仲裁庭确定第一次开庭日期后，应不晚于开庭前15天将开庭日期通知双方当事人。当事人有正当理由的，可以请求延期开庭，但应于收到开庭通知后3天内提出书面延期申请；是否延期，由仲裁庭决定。

（二）当事人有正当理由未能按上述第（一）款规定提出延期开庭申请的，是否接受其延期申请，由仲裁庭决定。

（三）再次开庭审理的日期及延期后开庭审理日期的通知及其延期申请，不受上述第（一）款期限的限制。

第七十条　庭审笔录

（一）仲裁庭应将开庭情况记入笔录。当事人和其他仲裁参与人认为对自己陈述的记录有遗漏或有差错的，可以申请补正；仲裁庭不同意其补正的，应将该申请记录在案。

（二）庭审笔录由仲裁员、记录人员、当事人和其他仲裁参与人签名或盖章。

第七十一条　作出裁决的期限

（一）仲裁庭应在组庭后4个月内作出裁决书。

（二）经仲裁庭请求，仲裁委员会仲裁院院长认为确有正当理由和必要的，可以延长该期限。

（三）程序中止的期间不计入上述第（一）款规定的裁决期限。

第七十二条　本规则其他条款的适用

本章未规定的事项，适用本规则其他各章的有关规定。本规则第六章的规定除外。

第六章　香港仲裁的特别规定

第七十三条　本章的适用

（一）仲裁委员会在香港特别行政区设立仲裁委员会香港仲裁中心。本章适用于仲裁委员会香港仲裁中心接受仲裁申请并管理的仲裁案件。

（二）当事人约定将争议提交仲裁委员会香港仲裁中心仲裁或约定将争议提交仲裁委员会在香港仲裁的，由仲裁委员会香港仲裁中心接受仲裁申请并管理案件。

第七十四条　仲裁地及程序适用法

除非当事人另有约定，仲裁委员会香港仲裁中心管理的案件的仲裁地为香港，仲裁程序适用法为香港仲裁法，仲裁裁决为香港裁决。

第七十五条　管辖权决定的作出

当事人对仲裁协议及/或仲裁案件管辖权的异议，应不晚于第一次实体答辩前提出。

仲裁庭有权对仲裁协议的存在、效力以及仲裁案件的管辖权作出决定。

第七十六条　仲裁员的选定或指定

仲裁委员会现行仲裁员名册在仲裁委员会香港仲裁中心管理的案件中推荐使用，当事人可以在仲裁委员会仲裁员名册外选定仲裁员。被选定的仲裁员应经仲裁委员会主任确认。

第七十七条　临时措施和紧急救济

（一）除非当事人另有约定，应一方当事人申请，仲裁庭有权决定采取适当的临时措施。

（二）在仲裁庭组成之前，当事人可以按照《中国国际经济贸易仲裁委员会紧急仲裁员程序》（本规则附件三）申请紧急性临时救济。

第七十八条　裁决书的印章

裁决书应加盖"中国国际经济贸易仲裁委员会香港仲裁中心"印章。

第七十九条　仲裁收费

依本章接受申请并管理的案件适用《中国国际经济贸易仲裁委员会仲裁费用表（三）》（本规则附件二）。

第八十条　本规则其他条款的适用

本章未规定的事项，适用本规则其他各章的有关规定，本规则第五章的规定除外。

第七章　附　　则

第八十一条　仲裁语言

（一）当事人对仲裁语言有约定的，从其约定。当事人对仲裁语言没有约定的，以中文为仲裁语言。仲裁委员会也可以视案件的具体情形确定其他语言为仲裁语言。

（二）仲裁庭开庭时，当事人或其代理人、证人需要语言翻译的，可由仲裁委员会仲裁院提供译员，也可由当事人自行提供译员。

（三）当事人提交的各种文书和证明材料，仲裁庭或仲裁委员会仲裁院认为必要时，可以要求当事人提供相应的中文译本或其他语言译本。

第八十二条 仲裁费用及实际费用

（一）仲裁委员会除按照制定的仲裁费用表向当事人收取仲裁费外，还可以向当事人收取其他额外的、合理的实际费用，包括仲裁员办理案件的特殊报酬、差旅费、食宿费、聘请速录员速录费，以及仲裁庭聘请专家、鉴定人和翻译等费用。仲裁员的特殊报酬由仲裁委员会仲裁院在征求相关仲裁员和当事人意见后，参照《中国国际经济贸易仲裁委员会仲裁费用表（三）》（本规则附件二）有关仲裁员报酬和费用标准确定。

（二）当事人未在仲裁委员会规定的期限内为其选定的仲裁员预缴特殊报酬、差旅费、食宿费等实际费用的，视为没有选定仲裁员。

（三）当事人约定在仲裁委员会或其分会/仲裁中心所在地之外开庭的，应预缴因此而发生的差旅费、食宿费等实际费用。当事人未在仲裁委员会规定的期限内预缴有关实际费用的，应在仲裁委员会或其分会/仲裁中心所在地开庭。

（四）当事人约定以两种或两种以上语言为仲裁语言的，或根据本规则第五十六条的规定适用简易程序的案件但当事人约定由三人仲裁庭审理的，仲裁委员会可以向当事人收取额外的、合理的费用。

第八十三条 规则的解释

（一）本规则条文标题不用于解释条文含义。

（二）本规则由仲裁委员会负责解释。

第八十四条 规则的施行

本规则自 2015 年 1 月 1 日起施行。本规则施行前仲裁委员会及其分会/仲裁中心管理的案件，仍适用受理案件时适用的仲裁规则；双方当事人同意的，也可以适用本规则。

附件：略

中国海事仲裁委员会仲裁规则

(2021年9月13日中国国际贸易促进委员会/中国国际商会修订并通过 自2021年10月1日起施行)

第一章 总　　则

第一条　仲裁委员会

(一) 中国海事仲裁委员会(以下简称"仲裁委员会"),原名中国国际贸易促进委员会海事仲裁委员会。

(二) 当事人在仲裁协议中订明由中国国际贸易促进委员会/中国国际商会的海事仲裁委员会仲裁的,或使用仲裁委员会原名称为仲裁机构的,视为同意由中国海事仲裁委员会仲裁。

第二条　机构及职责

(一) 仲裁委员会主任履行本规则赋予的职责。副主任根据主任的授权可以履行主任的职责。

(二) 仲裁委员会设有仲裁院,在授权的副主任和仲裁院院长的领导下履行本规则规定的职责。

(三) 仲裁委员会设在北京,设有上海总部,在具备条件的城市和行业设有分会/仲裁中心。仲裁委员会上海总部/分会/仲裁中心(本规则附件一)是仲裁委员会的派出机构,根据仲裁委员会的授权,接受仲裁申请,管理仲裁案件。

(四) 上海总部/分会/仲裁中心履行本规则规定由仲裁委员会仲裁院履行的职责。

(五) 双方当事人约定将争议提交中国海事仲裁委员会仲裁的,根据申请人的选择,由仲裁委员会仲裁院,或仲裁委员会上海总部/分会/仲裁中心接受仲裁申请,管理案件。双方当事人都提出仲裁申请的,以首先提出申请的为准。双方当事人约定将争议提交仲裁委员会在北京、上海或分会/仲裁中心所在地,或约定将争议提交仲裁委员会上海总部/分会/仲裁中心仲裁的,分别由仲裁委员会仲裁院,或仲裁委员会上海总部/分会/仲裁中心接受仲裁申请,管理案件。约定的派出机构不存在或约定不明的,由仲裁委员会仲裁院接受仲裁申请,管理案件。如有争议,由仲裁委员会作出决定。

第三条　受案范围

(一) 仲裁委员会根据当事人的约定受理下列争议案件:

1. 海事、海商争议案件;

2. 航空、铁路、公路等交通运输争议案件；
3. 贸易、投资、金融、保险、建设工程争议案件；
4. 当事人协议由仲裁委员会仲裁的其他争议案件。
（二）前述案件包括：
1. 国际或涉外案件；
2. 涉及香港特别行政区、澳门特别行政区及台湾地区的案件；
3. 国内案件。

第四条　规则的适用

（一）本规则统一适用于仲裁委员会及其上海总部/分会/仲裁中心。

（二）当事人约定将争议提交仲裁委员会仲裁的，视为同意按照本规则进行仲裁。

（三）当事人约定将争议提交仲裁委员会仲裁但对本规则有关内容进行变更或约定适用其他仲裁规则的，从其约定，但其约定无法实施或与仲裁地法强制性规定相抵触者除外。当事人约定适用其他仲裁规则的，由仲裁委员会履行相应的管理职责。

（四）当事人约定按照本规则进行仲裁但未约定仲裁机构的，视为同意将争议提交仲裁委员会仲裁。

（五）当事人约定适用仲裁委员会专业仲裁规则的，从其约定，但其争议不属于该专业仲裁规则适用范围的，适用本规则。

第五条　仲裁协议

（一）仲裁协议指当事人在合同中订明的仲裁条款或以其他方式达成的提交仲裁的书面协议。

（二）仲裁协议应当采取书面形式。书面形式包括合同书、信件、电报、电传、传真、电子数据交换和电子邮件等可以有形地表现所载内容的形式。在仲裁申请书和仲裁答辩书的交换中，一方当事人声称有仲裁协议而另一方当事人不做否认表示的，视为存在书面仲裁协议。

（三）仲裁协议适用法对仲裁协议的形式及效力另有规定的，从其规定。

（四）合同中的仲裁条款应视为与合同其他条款分离的、独立存在的条款，附属于合同的仲裁协议也应视为与合同其他条款分离的、独立存在的一个部分；合同的变更、解除、终止、转让、失效、无效、未生效、被撤销以及成立与否，均不影响仲裁条款或仲裁协议的效力。

第六条　对仲裁协议及/或管辖权的异议

（一）仲裁委员会有权对仲裁协议的存在、效力以及仲裁案件的管辖权作出决定。如有必要，仲裁委员会也可以授权仲裁庭作出管辖权决定。

（二）仲裁委员会依表面证据认为存在有效仲裁协议的，可根据表面证据作出仲裁委员会有管辖权的决定，仲裁程序继续进行。仲裁委员会依表面证据作出的管辖权决定并不妨碍其根据仲裁庭在审理过程中发现的与表面证据不一致的事实及/或证据重新作出管辖权决定。

（三）仲裁庭依据仲裁委员会的授权作出管辖权决定时，可以在仲裁程序进行中单独作出，也可以在裁决书中一并作出。

（四）当事人对仲裁协议及/或仲裁案件管辖权的异议，应当在仲裁庭首次开庭前书面提出；书面审理的案件，应当在本规则规定的第一次实体答辩前书面提出。

（五）对仲裁协议及/或仲裁案件管辖权提出异议不影响仲裁程序的继续进行。

（六）上述管辖权异议及/或决定包括仲裁案件主体资格异议及/或决定。

（七）仲裁委员会或经仲裁委员会授权的仲裁庭作出无管辖权决定的，应当作出撤销案件的决定。撤销决定在仲裁庭组成前由仲裁委员会仲裁院作出，在仲裁庭组成后，由仲裁庭作出。

第七条 仲裁地

（一）当事人对仲裁地有约定的，从其约定。

（二）当事人对仲裁地未作约定或约定不明的，以管理案件的仲裁委员会或其上海总部/分会/仲裁中心所在地为仲裁地；仲裁委员会仲裁院或仲裁庭也可视案件的具体情形确定其他地点为仲裁地。

（三）仲裁裁决视为在仲裁地作出。

第八条 送达及期限

（一）当事人对送达方式有约定的，从其约定。

（二）除非当事人另有约定，有关仲裁的一切文书、通知、材料等均可采用当面递交、挂号信、特快专递、传真、电子邮件、即时通讯工具等信息系统可记载的方式、向当事船舶船长发送的方式，或者仲裁委员会仲裁院或仲裁庭认为适当的其他方式发送。

（三）上述第（二）款所述仲裁文件应发送当事人或其仲裁代理人自行提供的或当事人约定的地址；当事人或其仲裁代理人没有提供地址或当事人对地址没有约定的，按照对方当事人或其仲裁代理人提供的地址发送。

（四）向一方当事人或其仲裁代理人发送的仲裁文件，如经当面递交收件人或发送至收件人的营业地、注册地、住所地、惯常居住地或通讯地址，或经对方当事人合理查询不能找到上述任一地点，仲裁委员会仲裁院以挂号信或特快专递或能提供投递记录的包括公证送达、委托送达和留置送达在内的其他任何手段投递给收件人最后一个为人所知的营业地、注册地、住所地、惯常居住地或通讯地址，即视为有效送达。

（五）送达时间以上述送达方式中最先送达到受送达人的时间为准。

（六）本规则所规定的期限，应自当事人收到或应当收到仲裁委员会仲裁院向其发送的文书、通知、材料之日的次日起计算。

第九条 诚实信用

仲裁参与人应当遵循诚实信用原则，善意仲裁。

第十条 放弃异议

一方当事人知道或理应知道本规则或仲裁协议中规定的任何条款或情事未

被遵守，仍参加仲裁程序或继续进行仲裁程序而且不对此不遵守情况及时地、明示地提出书面异议的，视为放弃提出异议的权利。

第二章 仲裁程序

第一节 仲裁申请、答辩、反请求

第十一条 仲裁程序的开始
仲裁程序自仲裁委员会仲裁院收到仲裁申请书之日起开始。

第十二条 申请仲裁
当事人依据本规则申请仲裁时应：
（一）提交由申请人或申请人授权的代理人签名及/或盖章的仲裁申请书。仲裁申请书应写明：
1. 申请人和被申请人的名称和住所，包括邮政编码、电话、传真、电子邮箱或其他电子通讯方式；
2. 申请仲裁所依据的仲裁协议；
3. 案情和争议要点；
4. 申请人的仲裁请求；
5. 仲裁请求所依据的事实和理由。
（二）在提交仲裁申请书时，附具申请人请求所依据的证据材料、主体资格证明以及其他证明文件。
（三）按照仲裁委员会仲裁费用表的规定预缴仲裁费。

第十三条 案件的受理
（一）仲裁委员会根据当事人在争议发生之前或在争议发生之后达成的将争议提交仲裁委员会仲裁的仲裁协议和一方当事人的书面申请，受理案件。
（二）仲裁委员会仲裁院收到申请人的仲裁申请书及其附件后，经审查，认为申请仲裁的手续完备的，应将仲裁通知、仲裁委员会仲裁规则和仲裁员名册发送给申请人，将申请人的仲裁申请书副本及其附件、仲裁通知、仲裁委员会仲裁规则和仲裁员名册发送给被申请人。
（三）仲裁委员会仲裁院经审查认为申请仲裁的手续不完备的，可以要求申请人在一定的期限内予以完备。
（四）仲裁委员会受理案件后，仲裁委员会仲裁院应指定一名案件经办人，为仲裁案件提供管理服务。

第十四条 多份合同的仲裁
申请人就多份合同项下的争议可在同一仲裁案件中合并提出仲裁申请，但应同时符合下列条件：
1. 多份合同系主从合同关系；或多份合同所涉当事人相同且法律关系性

质相同；

2. 争议源于同一交易或同一系列交易；
3. 多份合同中的仲裁协议内容相同或兼容。

第十五条 答辩

（一）被申请人应自收到仲裁通知后30日内提交答辩书。被申请人确有正当理由请求延长答辩期限的，由仲裁庭决定；仲裁庭尚未组成的，由仲裁委员会仲裁院决定。

（二）答辩书由被申请人或被申请人授权的代理人签名及/或盖章，应包括下列内容：

1. 被申请人的名称和住所，包括邮政编码、电话、传真、电子邮箱或其他电子通讯方式；
2. 对仲裁申请书的答辩及所依据的事实和理由；
3. 答辩所依据的证据材料、主体资格证明以及其他证明文件。

（三）仲裁庭有权决定是否接受逾期提交的答辩书。

（四）被申请人未提交答辩书，不影响仲裁程序的进行。

第十六条 反请求

（一）被申请人如有反请求，应自收到仲裁通知后30日内以书面形式提交。被申请人确有正当理由请求延长反请求期限的，由仲裁庭决定；仲裁庭尚未组成的，由仲裁委员会仲裁院决定。

（二）被申请人提出反请求，应在反请求申请书中写明具体的反请求事项及所依据的事实和理由，并附具有关的证据材料以及其他证明文件。

（三）被申请人提出反请求，应按照仲裁委员会仲裁费用表在规定的时间内预缴仲裁费。被申请人未按期缴纳反请求仲裁费的，视同未提出反请求。

（四）仲裁委员会仲裁院认为被申请人提出反请求的手续已完备的，应向双方当事人发出反请求受理通知。申请人应在收到反请求受理通知后30日内针对被申请人的反请求提交答辩。申请人确有正当理由请求延长答辩期限的，由仲裁庭决定；仲裁庭尚未组成的，由仲裁委员会仲裁院决定。

（五）仲裁庭有权决定是否接受逾期提交的反请求和反请求答辩书。

（六）申请人对被申请人的反请求未提出书面答辩的，不影响仲裁程序的进行。

第十七条 变更仲裁请求或反请求

申请人可以申请对仲裁请求进行变更，被申请人也可以申请对反请求进行变更；仲裁庭认为申请人或被申请人提出变更的时间过迟而影响仲裁程序正常进行的，可以拒绝其变更请求。

第十八条 追加当事人

（一）在仲裁程序中，一方当事人依据表面上约束被追加当事人的案涉仲裁协议可以向仲裁委员会申请追加当事人。在仲裁庭组成后申请追加当事人的，如果仲裁庭认为确有必要，应在征求包括被追加当事人在内的各方当事人的意见后，由仲裁委员会决定。

仲裁委员会仲裁院收到追加当事人申请之日视为针对该被追加当事人的仲裁开始之日。

（二）追加当事人申请书应包含现有仲裁案件的案号，涉及被追加当事人在内的所有当事人的名称、住所及通讯方式，追加当事人所依据的仲裁协议、事实和理由，以及仲裁请求。

当事人在提交追加当事人申请书时，应附具申请所依据的证据材料以及其他证明文件。

（三）任何一方当事人就追加当事人程序提出仲裁协议及/或仲裁案件管辖权异议的，仲裁委员会有权基于仲裁协议及相关证据作出是否具有管辖权的决定。

（四）追加当事人程序开始后，在仲裁庭组成之前，由仲裁委员会仲裁院就仲裁程序的进行作出决定；在仲裁庭组成之后，由仲裁庭就仲裁程序的进行作出决定。

（五）在仲裁庭组成之前追加当事人的，本规则有关当事人选定或委托仲裁委员会主任指定仲裁员的规定适用于被追加当事人。仲裁庭的组成应按照本规则第三十三条的规定进行。

在仲裁庭组成后决定追加当事人的，仲裁庭应就已经进行的包括仲裁庭组成在内的仲裁程序征求被追加当事人的意见。被追加当事人要求选定或委托仲裁委员会主任指定仲裁员的，双方当事人应重新选定或委托仲裁委员会主任指定仲裁员。仲裁庭的组成应按照本规则第三十三条的规定进行。

（六）本规则有关当事人提交答辩及反请求的规定适用于被追加当事人。被追加当事人提交答辩及反请求的期限自收到追加当事人仲裁通知后起算。

（七）案涉仲裁协议表面上不能约束被追加当事人或存在其他任何不宜追加当事人的情形的，仲裁委员会有权决定不予追加。

第十九条　合并仲裁

（一）符合下列条件之一的，经一方当事人请求，仲裁委员会可以决定将根据本规则进行的两个或两个以上的仲裁案件合并为一个仲裁案件进行审理，但是仲裁协议明确约定拒绝合并仲裁的除外：

1. 各案仲裁请求依据同一个仲裁协议提出的；
2. 各案仲裁请求依据多个仲裁协议提出，该多个仲裁协议内容相同或兼容，且各案当事人相同、各争议所涉及的法律关系性质相同的；
3. 各案仲裁请求依据多个仲裁协议提出，该多个仲裁协议内容相同或兼容，且涉及的多份合同为主从合同关系的；
4. 各争议涉及同一交易或同一系列相关交易的；
5. 不具备上述任一条件，但所有案件当事人均同意合并仲裁的。

（二）根据上述第（一）款决定合并仲裁时，仲裁委员会应考虑各方当事人的意见、各案仲裁庭的意见及相关仲裁案件之间的关联性等因素，包括不同案件的仲裁员的选定或指定情况。

（三）除非各方当事人另有约定，合并的仲裁案件应合并至最先开始仲裁程序的仲裁案件。

（四）案件合并前各案均未组成仲裁庭的，应依照本规则第二章第三节的规定组成仲裁庭；案件合并前各案均已组成相同仲裁庭的，合并后不再另行组成仲裁庭；案件合并前部分案件已经组成仲裁庭，部分案件尚未组成仲裁庭或组成的仲裁庭不相同的，由各方当事人就合并后仲裁庭的组成进行协商。如各方当事人未能在收到合并仲裁的通知后15日内达成一致意见，则应依照本规则第二章第三节的规定重新组成仲裁庭。

（五）仲裁案件合并后，在仲裁庭组成之前，由仲裁委员会仲裁院就程序的进行作出决定；仲裁庭组成后，由仲裁庭就程序的进行作出决定。

（六）仲裁委员会可以就合并仲裁后的仲裁费用进行调整。

第二十条　仲裁文件的提交与交换

（一）当事人的仲裁文件应提交至仲裁委员会仲裁院。

（二）仲裁程序中需发送或转交的仲裁文件，由仲裁委员会仲裁院发送或转交仲裁庭及当事人，当事人另有约定并经仲裁庭同意或仲裁庭另有决定者除外。

第二十一条　仲裁文件的份数

当事人提交的仲裁申请书、答辩书、反请求书和证据材料以及其他仲裁文件，应一式五份；多方当事人的案件，应增加相应份数；当事人申请财产保全或证据保全的，应增加相应份数；仲裁庭组成人数为一人的，应相应减少两份。

第二十二条　仲裁代理人

（一）当事人可以授权中国及/或外国的仲裁代理人办理有关仲裁事项。当事人或其仲裁代理人应向仲裁委员会仲裁院提交授权委托书。

（二）当事人应将其代理人的变化情况毫不迟延地通知仲裁委员会仲裁院。经征求当事人意见，仲裁庭可以采取必要措施避免因当事人代理人变化而产生的利益冲突，包括全部或部分排除当事人新委任的代理人参与仲裁程序。

第二节　保全及临时措施

第二十三条　财产保全

当事人申请海事请求保全或其他财产保全的，仲裁委员会应当将当事人的申请提交被申请人住所地或其财产所在地的海事法院或其他有管辖权的法院作出裁定；当事人在仲裁程序开始前申请海事请求保全或其他财产保全的，应当依照《中华人民共和国海事诉讼特别程序法》或《中华人民共和国民事诉讼法》的规定，直接向被保全的财产所在地海事法院或其他有管辖权的法院提出。

第二十四条　证据保全

当事人申请证据保全的，仲裁委员会应当将当事人的申请提交证据所在地的海事法院或其他有管辖权的法院作出裁定；当事人在仲裁程序开始前申请证据保全的，应当依照《中华人民共和国海事诉讼特别程序法》或《中华人民共和国民事诉讼法》的规定，直接向被保全的证据所在地海事法院或其他有管辖权的法院提出。

第二十五条　海事强制令

当事人申请海事强制令的，仲裁委员会应当将当事人的申请提交海事纠纷发生地的海事法院作出裁定；当事人在仲裁程序开始前申请海事强制令的，应当依照《中华人民共和国海事诉讼特别程序法》的规定，直接向海事纠纷发生地的海事法院提出。

第二十六条　海事赔偿责任限制基金

当事人申请设立海事赔偿责任限制基金的，仲裁委员会应当将当事人的申请提交事故发生地、合同履行地或者船舶扣押地海事法院作出裁定；当事人在仲裁程序开始前申请设立海事赔偿责任限制基金的，应当依照《中华人民共和国海事诉讼特别程序法》的规定，直接向事故发生地、合同履行地或者船舶扣押地的海事法院提出。

第二十七条　临时措施

（一）根据所适用的法律或当事人的约定，当事人可以依据《中国海事仲裁委员会紧急仲裁员程序》（本规则附件三）向仲裁委员会仲裁院申请紧急性临时救济。紧急仲裁员可以决定采取必要或适当的紧急性临时救济措施。紧急仲裁员的决定对双方当事人具有约束力。

（二）经一方当事人请求，仲裁庭可以决定采取其认为必要或适当的临时措施，并有权决定由请求临时措施的一方当事人提供适当的担保。

第三节　仲裁员及仲裁庭

第二十八条　仲裁员的义务

仲裁员必须独立公正，不代表任何一方当事人，独立平等地对待各方当事人。

第二十九条　仲裁庭的组成与人数

（一）当事人就仲裁庭的组成有约定的，从其约定，但其约定违背仲裁地法律规定、无法实施或可能导致裁决无效的除外。

（二）仲裁庭由一名仲裁员成立或由三名仲裁员组成。仲裁庭由一名仲裁员成立的，该名仲裁员为独任仲裁员，仲裁庭由三名仲裁员组成的，设首席仲裁员。

（三）除非当事人另有约定或本规则另有规定，仲裁庭由三名仲裁员组成。

第三十条　仲裁员的选定或指定

（一）仲裁委员会制定统一适用于仲裁委员会及上海总部/分会/仲裁中心

的仲裁员名册；当事人可以从仲裁委员会仲裁员名册中选定仲裁员，也可以在仲裁委员会仲裁员名册外选定仲裁员；除非仲裁委员会另有决定，首席仲裁员和独任仲裁员应从仲裁委员会仲裁员名册中产生。

（二）当事人在仲裁委员会仲裁员名册外选定仲裁员，应当符合仲裁地法律的规定。

第三十一条　三人仲裁庭的组成

（一）申请人和被申请人应各自在收到仲裁通知后 15 日内选定或委托仲裁委员会主任指定一名仲裁员。当事人未在上述期限内选定或委托仲裁委员会主任指定的，由仲裁委员会主任指定。

（二）第三名仲裁员由双方当事人在最后一方当事人收到仲裁通知后 15 日内共同选定或共同委托仲裁委员会主任指定。第三名仲裁员为仲裁庭的首席仲裁员。

（三）双方当事人可以各自推荐一至五名候选人作为首席仲裁员人选，并按照上述第（二）款规定的期限提交推荐名单。双方当事人的推荐名单中有一名人选相同的，该人选为双方当事人共同选定的首席仲裁员；有一名以上人选相同的，仲裁委员会主任根据案件的具体情况在相同人选中确定一名首席仲裁员，该名首席仲裁员仍为双方共同选定的首席仲裁员。

（四）双方当事人未能共同选定或共同委托仲裁委员会主任指定首席仲裁员、未推荐或者推荐的首席仲裁员名单中没有相同人选的，由当事人选定或仲裁委员会主任指定的两名仲裁员共同选定首席仲裁员。

（五）该两名仲裁员未能在 15 日内就首席仲裁员人选达成一致的，由仲裁委员会主任指定首席仲裁员。

第三十二条　独任仲裁庭的组成

（一）仲裁庭由一名仲裁员组成的，申请人和被申请人应在最后一方当事人收到仲裁通知后 15 日内共同选定或共同委托仲裁委员会主任指定一名独任仲裁员。

（二）申请人和被申请人可以各自推荐一至五名候选人作为独任仲裁员人选，并按照上述第（一）款规定的期限提交推荐名单。双方当事人的推荐名单中有一名人选相同的，该人选为双方当事人共同选定的独任仲裁员；有一名以上人选相同的，由仲裁委员会主任根据案件的具体情况在相同人选中确定一名独任仲裁员，该名独任仲裁员仍为双方当事人共同选定的独任仲裁员。

（三）双方当事人未能共同选定或共同委托仲裁委员会主任指定独任仲裁员、未推荐或者推荐的独任仲裁员名单中没有相同人选的，由仲裁委员会主任指定独任仲裁员。

第三十三条　多方当事人仲裁庭的组成

（一）仲裁案件有两个或两个以上申请人及/或被申请人的，申请人方及/或被申请人方应各自协商，分别共同选定或共同委托仲裁委员会主任指定一名仲裁员。

（二）如果申请人方及/或被申请人方未能在收到仲裁通知之日起 15 日内各自共同选定或者各自共同委托仲裁委员会主任指定一名仲裁员，该仲裁员由仲裁委员会主任指定。

（三）首席仲裁员按照本规则第三十一条第（二）（三）（四）（五）款规定的程序选定或指定。独任仲裁员按照本规则第三十二条第（一） （二）（三）款规定的程序选定或指定。

第三十四条　组成仲裁庭应考虑的因素

仲裁委员会根据本规则的规定组成仲裁庭时，应考虑争议的适用法律、仲裁地、仲裁语言、当事人国籍，当事人有关仲裁庭组成的特殊约定，以及仲裁委员会认为应予考虑的其他因素。

第三十五条　披露

（一）被选定或被指定的仲裁员应签署声明书，披露可能引起对其公正性和独立性产生合理怀疑的任何事实或情况。

（二）在仲裁程序中出现应披露情形的，仲裁员应立即书面披露。

（三）仲裁员的声明书及/或披露的信息应提交仲裁委员会仲裁院，转交各方当事人。

第三十六条　仲裁员的回避

（一）当事人收到仲裁员的声明书及/或书面披露后，如果以披露的事实或情况为理由要求该仲裁员回避，则应于收到仲裁员的书面披露后 10 日内书面提出。逾期没有申请回避的，不得以仲裁员曾经披露的事项为由申请该仲裁员回避。

（二）当事人对被选定或被指定的仲裁员的公正性和独立性产生具有正当理由的怀疑时，可以书面请求该仲裁员回避，但应说明回避请求所依据的具体事实和理由，并举证。

（三）对仲裁员的回避请求应在收到组庭通知后 15 日内以书面形式提出；在此之后得知回避事由的，可以在得知回避事由后 15 日内提出，但应不晚于最后一次开庭终结。

（四）当事人的回避请求应当立即转交另一方当事人、被请求回避的仲裁员及仲裁庭其他成员。

（五）如果一方当事人请求仲裁员回避，另一方当事人同意回避请求，或被请求回避的仲裁员主动提出不再担任该仲裁案件的仲裁员，则该仲裁员不再担任仲裁员审理本案。上述情形并不表示当事人提出回避的理由成立。

（六）除上述第（五）款规定的情形外，仲裁员是否回避，由仲裁委员会主任作出终局决定，并说明理由。

（七）在仲裁委员会主任就仲裁员是否回避作出决定前，被请求回避的仲裁员应继续履行职责。

第三十七条　仲裁员的更换

（一）仲裁员在法律上或事实上不能履行职责，或没有按照本规则的要求或在本规则规定的期限内履行应尽职责的,仲裁委员会主任有权决定将其更换;该仲裁员也可以主动申请不再担任仲裁员。

(二)是否更换仲裁员,由仲裁委员会主任作出终局决定,并说明理由。

(三)仲裁员因回避或更换不能履行职责的,应按照原选定或指定仲裁员的方式在仲裁委员会仲裁院规定的期限内选定或指定替代的仲裁员。当事人未选定或指定替代仲裁员的,由仲裁委员会主任指定替代的仲裁员。

(四)重新选定或指定仲裁员后,由仲裁庭决定是否重新审理及重新审理的范围。

第三十八条　多数仲裁员继续仲裁程序

最后一次开庭终结后,如果三人仲裁庭中的一名仲裁员因死亡或被除名等情形不能参加合议及/或作出裁决,另外两名仲裁员可以请求仲裁委员会主任按照第三十七条的规定更换该仲裁员;在征求双方当事人意见并经仲裁委员会同意后,该两名仲裁员也可以继续进行仲裁程序,作出决定或裁决。仲裁委员会仲裁院应将上述情况通知双方当事人。

第四节　审　　理

第三十九条　审理方式

(一)仲裁庭组成后,仲裁委员会仲裁院应立即将案件移交仲裁庭。仲裁庭应当视案件具体情况尽快召开案件管理会议,与当事人协商可以根据本条第(六)款采取的程序措施。

(二)除非当事人另有约定,仲裁庭可以按照其认为适当的方式审理案件。在任何情形下,仲裁庭均应公平公正、高效地推进程序,进行审理,给予双方当事人陈述与辩论的合理机会,确保程序正当。

(三)仲裁庭应开庭审理案件,但双方当事人约定并经仲裁庭同意或仲裁庭认为不必开庭审理并征得双方当事人同意的,可以只依据书面文件进行审理。

(四)除非当事人另有约定,经征求当事人意见,仲裁庭可以决定开庭审理以远程视频会议或仲裁庭认为适当的其他通讯方式进行。

如仲裁程序中出现不宜以远程视频会议等方式开庭的情形,仲裁庭有权决定将开庭转为线下进行。

(五)仲裁庭可以在其认为适当的地点以其认为适当的方式进行合议。

(六)除非当事人另有约定,仲裁庭认为必要时可以经征求当事人意见决定就案件审理采取适当的程序措施,包括但不限于制作审理范围书,发布程序令,发出问题单,举行庭前会议,以及与当事人讨论网络安全、隐私和数据保护,为仲裁程序安全合规提供适当保障等。

经仲裁庭其他成员授权,首席仲裁员可以单独就仲裁案件的程序安排作出决定。

(七)仲裁庭可应一方当事人请求或经征求当事人意见自行决定,要求当事人就案外人（第三方资助人或保险人）对仲裁程序的资助进行披露，或者要求当事人就案外人（第三方资助人、保险人、母公司或最终利益拥有者）对仲裁结果所具有的经济利益予以披露。

第四十条　仲裁庭秘书

（一）经征求仲裁委员会仲裁院意见，仲裁庭可以指定仲裁庭秘书予以协助。仲裁委员会仲裁院工作人员可以担任仲裁庭秘书，但不得担任同一仲裁案件的经办人。

（二）仲裁庭秘书工作职责由仲裁庭确定，但不得参与案件表决，不得参与案件裁决书实质内容的撰写。

（三）仲裁庭秘书必须独立公正，并在接受指定前签署声明书，披露可能引起对其公正性和独立性产生合理怀疑的任何事实或情况。

（四）当事人可根据本规则第三十六条的规定要求仲裁庭秘书回避。如果仲裁委员会决定仲裁庭秘书回避，仲裁庭可根据本条规定重新指定仲裁庭秘书。除非仲裁庭另有决定，请求仲裁庭秘书回避不影响仲裁程序的继续进行。

第四十一条　开庭地

（一）当事人约定了开庭地点的，案件开庭应当在约定的地点进行，但本规则第八十三条第（三）款规定的情形除外。

（二）除非当事人另有约定，由仲裁委员会仲裁院或其上海总部/分会/仲裁中心管理的案件应分别在北京、上海或分会/仲裁中心所在地开庭审理；如仲裁庭认为必要，经仲裁委员会仲裁院同意，也可以在其他地点开庭审理。

第四十二条　开庭通知

（一）开庭审理的案件，仲裁庭确定第一次开庭日期后，应不晚于开庭前20日将开庭日期通知双方当事人。当事人有正当理由的，可以请求延期开庭，但应于收到开庭通知后5日内书面提出。是否延期，由仲裁庭决定。

（二）当事人有正当理由未能按上述第（一）款规定提出延期开庭的，是否接受其延期申请，由仲裁庭决定。

（三）再次开庭审理的日期及延期后开庭审理日期的通知及其延期申请，不受上述第（一）款期限的限制。

（四）仲裁庭在确定开庭审理日期时，应慎重考虑庭前文件交换是否充分以及开庭审理的条件是否具备。

第四十三条　保密

（一）仲裁庭审理案件不公开进行。双方当事人要求公开审理的，由仲裁庭决定是否公开审理。

（二）不公开审理的案件，双方当事人及其仲裁代理人、仲裁员、案件经办人、仲裁庭秘书、证人、翻译、仲裁庭咨询的专家和指定的鉴定人，以及其他有关人员，均不得对外界透露案件实体和程序的有关情况。

第四十四条　当事人缺席

（一）申请人无正当理由开庭时不到庭的，或在开庭审理时未经仲裁庭许可中途退庭的，可以视为撤回仲裁申请；被申请人提出反请求的，不影响仲裁庭就反请求进行审理，作出裁决。

（二）被申请人无正当理由开庭时不到庭的，或在开庭审理时未经仲裁庭许可中途退庭的，仲裁庭可以进行缺席审理并作出裁决；被申请人提出反请求的，可以视为撤回反请求。

第四十五条　庭审笔录

（一）开庭审理时，仲裁庭可以制作庭审笔录及/或影音记录。仲裁庭认为必要时，可以制作庭审要点，并要求当事人及/或其代理人、证人及/或其他有关人员在庭审笔录或庭审要点上签字或盖章。

以远程视频会议等方式开庭审理的，庭审笔录可由上述仲裁参与人电子签名。

（二）仲裁庭可以委托仲裁委员会仲裁院聘请速录人员速录庭审笔录。

第四十六条　举证

（一）当事人应对其申请、答辩和反请求所依据的事实提供证据加以证明，为其主张、辩论及抗辩要点提供依据。

（二）下列事实无需当事人举证，除非有足以推翻该事实的相反证据，仲裁庭可依职权予以认定：

（1）双方当事人没有争议的事实；

（2）自然规律及定理；

（3）众所周知的事实或常识；

（4）根据法律规定、已知事实或日常生活经验法则，能推定出的另一事实。

（三）一方当事人应向仲裁庭和对方当事人（包括多方仲裁中作为申请人或被申请人一方的所有当事人）披露和提交其作为依据的所有证据。

（四）仲裁庭可以规定当事人提交证据的期限。当事人应在规定的期限内提交证据。逾期提交的，仲裁庭可以不予接受。当事人在举证期限内提交证据材料确有困难的，可以在期限届满前申请延长举证期限。是否延期，由仲裁庭决定。

（五）当事人未能在规定的期限内提交证据，或虽提交证据但不足以证明其主张的，负有举证责任的当事人承担因此产生的后果。通常情况下，举证和证据交换应在仲裁庭就实体争议进行开庭审理之前完成。

第四十七条　事实证人和专家证人意见

（一）当事人安排证人作证的，应事先向仲裁庭确定证人身份及其证明事项。证人应在开庭审理前提交书面证言。

（二）当事人可就特定问题提交专家证人意见以支持己方主张。

第四十八条　仲裁庭调查取证

（一）仲裁庭认为必要时，可以调查事实，收集证据。

（二）仲裁庭调查事实、收集证据时，应当通知当事人到场。经通知，一方或双方当事人不到场的，不影响仲裁庭调查事实和收集证据。

（三）仲裁庭调查收集的证据，应当转交当事人，给予当事人提出意见的机会。

第四十九条 查验及鉴定报告

（一）仲裁庭可应当事人请求或自行决定，指定查验人对现场、货物、文件或其他有关证据进行查验，或者指定鉴定人对某个专业或技术问题进行鉴定。当事人应事先得到查验或鉴定通知，并有权到场。

（二）仲裁庭有权要求当事人、当事人也有义务向查验人或鉴定人提供或出示任何有关资料、文件或财产、实物，以供查验人或鉴定人查验、鉴定。

（三）查验报告和鉴定报告的副本应转交当事人，给予当事人提出意见的机会。

第五十条 质证

（一）仲裁庭应确保一方当事人有机会就对方当事人提交的所有证据发表质证意见。质证可以采用口头或书面形式。

（二）开庭审理的案件，证据应在开庭时出示，当事人可以质证。

（三）对于书面审理的案件的证据材料，或对于开庭后提交的证据材料且当事人同意书面质证的，可以进行书面质证。书面质证时，当事人应在仲裁庭规定的期限内提交书面质证意见。

（四）当事人共同确认或没有异议的证据，视为已经质证。

第五十一条 质询

（一）通常情况下，证人应出席案件的开庭审理或者通过远程视频会议参加开庭审理，接受安排其出庭的一方当事人的询问和对方当事人的盘问。

（二）仲裁庭指定的查验人或鉴定人应当出席案件的开庭审理或者通过远程视频会议参加开庭审理，仲裁庭应确保双方当事人有机会对其进行质询。

第五十二条 证据的审核认定

（一）证据是否可予采纳，以及证据的关联性、重要性及证明力，由仲裁庭决定。

（二）当事人提供伪证的，应承担相应的后果，仲裁庭有权据此驳回该方当事人的请求或反请求。

第五十三条 合并开庭

为公平、经济和快捷地进行仲裁程序，如果两个或多个仲裁案件涉及相同的事实或法律问题，在征求各方当事人意见后，仲裁庭经征求仲裁委员会仲裁院意见可以决定对两个或多个仲裁案件合并开庭，并可决定：

（一）一个案件当事人提交的文件可以提交给另一个案件当事人；

（二）一个案件当事人提交的证据可以在另一个案件中被接受和采纳，但是应当给予所有当事人就该等证据发表意见的机会。

第五十四条 程序中止

（一）双方当事人共同或分别请求中止仲裁程序，或出现需要中止仲裁程序的法定情形以及其他需要中止仲裁程序的情形的，仲裁程序可以中止。

（二）中止程序的原因消失或中止程序期满后，仲裁程序恢复进行。

（三）仲裁程序的中止及恢复，由仲裁庭决定；仲裁庭尚未组成的，由仲裁委员会仲裁院决定。

第五十五条　撤回申请和撤销案件

（一）当事人可以撤回全部仲裁请求或全部仲裁反请求。申请人撤回全部仲裁请求的，不影响仲裁庭就被申请人的仲裁反请求进行审理和裁决。被申请人撤回全部仲裁反请求的，不影响仲裁庭就申请人的仲裁请求进行审理和裁决。

（二）因当事人自身原因致使仲裁程序不能进行的，可以视为其撤回仲裁请求。

（三）仲裁请求和反请求全部撤回的，案件可以撤销。在仲裁庭组成前撤销案件的，由仲裁委员会仲裁院作出撤案决定；仲裁庭组成后撤销案件的，由仲裁庭作出撤案决定。

（四）上述第（三）款及本规则第六条第（七）款所述撤案决定应加盖"中国海事仲裁委员会"印章。

第五十六条　仲裁与调解相结合

（一）双方当事人有调解意愿的，或一方当事人有调解意愿并经仲裁庭征得另一方当事人同意的，仲裁庭可以在仲裁程序中对案件进行调解。双方当事人也可以自行和解。

（二）仲裁庭在征得双方当事人同意后可以按照其认为适当的方式进行调解。

（三）调解过程中，任何一方当事人提出终止调解或仲裁庭认为已无调解成功的可能时，仲裁庭应终止调解。

（四）双方当事人经仲裁庭调解达成和解或自行和解的，应签订和解协议。

（五）当事人经调解达成或自行达成和解协议的，可以撤回仲裁请求或反请求，也可以请求仲裁庭根据当事人和解协议的内容作出裁决书或制作调解书。

（六）当事人请求制作调解书的，调解书应当写明仲裁请求和当事人书面和解协议的内容，由仲裁员署名，并加盖"中国海事仲裁委员会"印章，送达双方当事人。

（七）调解不成功的，仲裁庭应当继续进行仲裁程序，作出裁决。

（八）当事人有调解意愿但不愿在仲裁庭主持下进行调解的，经双方当事人同意，仲裁委员会可以协助当事人以适当的方式和程序进行调解。

（九）如果调解不成功，任何一方当事人均不得在其后的仲裁程序、司法程序和其他任何程序中援引对方当事人或仲裁庭在调解过程中曾发表的意见、提出的观点、作出的陈述、表示认同或否定的建议或主张作为其请求、答辩或反请求的依据。

（十）当事人在仲裁程序开始之前自行达成或经调解达成和解协议的，可以依据由仲裁委员会仲裁的仲裁协议及其和解协议，请求仲裁委员会组成仲裁庭，按照和解协议的内容作出仲裁裁决。除非当事人另有约定，仲裁委员会主任指定一名独任仲裁员成立仲裁庭，由仲裁庭按照其认为适当的程序进行审理并作出裁决。具体程序和期限，不受本规则其他条款关于程序和期限的限制。

第五节 裁 决

第五十七条 作出裁决的期限
（一）仲裁庭应在组庭后6个月内作出裁决书。
（二）经仲裁庭请求，仲裁委员会仲裁院认为确有正当理由和必要的，可以延长该期限。
（三）程序中止的期间不计入上述第（一）款规定的裁决期限。

第五十八条 裁决的作出
（一）仲裁庭应当根据事实和合同约定，依照法律规定，参考国际惯例，参照交易习惯，公平合理、独立公正地作出裁决。
（二）当事人对于案件实体适用法有约定的，从其约定。当事人没有约定或其约定与法律强制性规定相抵触的，由仲裁庭决定案件实体的法律适用。
（三）仲裁庭在裁决书中应写明仲裁请求、争议事实、裁决理由、裁决结果、仲裁费用的承担、裁决的日期和地点。当事人协议不写明争议事实和裁决理由的，以及按照双方当事人和解协议的内容作出裁决书的，可以不写明争议事实和裁决理由。仲裁庭有权在裁决书中确定当事人履行裁决的具体期限及逾期履行所应承担的责任。
（四）裁决书应加盖"中国海事仲裁委员会"印章。
（五）由三名仲裁员组成的仲裁庭审理的案件，裁决依全体仲裁员或多数仲裁员的意见作出。少数仲裁员的书面意见应附卷，并可以附在裁决书后，该书面意见不构成裁决书的组成部分。
（六）仲裁庭不能形成多数意见的，裁决依首席仲裁员的意见作出。其他仲裁员的书面意见应附卷，并可以附在裁决书后，该书面意见不构成裁决书的组成部分。
（七）除非裁决依首席仲裁员意见或独任仲裁员意见作出并由其署名，裁决书应由全体仲裁员或多数仲裁员署名。持有不同意见的仲裁员可以在裁决书上署名，也可以不署名。
（八）作出裁决书的日期，即为裁决发生法律效力的日期。
（九）裁决是终局的，对双方当事人均有约束力。任何一方当事人均不得向法院起诉，也不得向其他任何机构提出变更仲裁裁决的请求。
（十）经征得当事人同意，仲裁委员会仲裁院可在裁决作出后，对当事人名称及其他可识别信息进行脱密处理，公开发布裁决书。

第五十九条 部分裁决
（一）仲裁庭认为必要或当事人提出请求并经仲裁庭同意的，仲裁庭可以在作出最终裁决之前，就当事人的某些请求事项先行作出部分裁决。部分裁决是终局的，对双方当事人均有约束力。

（二）一方当事人不履行部分裁决，不影响仲裁程序的继续进行，也不影响仲裁庭作出最终裁决。

第六十条　裁决书草案的核阅

仲裁庭应在签署裁决书之前将裁决书草案提交仲裁委员会核阅。在不影响仲裁庭独立裁决的情况下，仲裁委员会可以就裁决书的有关问题提请仲裁庭注意。

第六十一条　专家咨询委员会的咨询意见

仲裁庭或仲裁委员会可以就仲裁案件的程序和实体等重大疑难问题提请仲裁委员会专家咨询委员会研究讨论，并提供咨询意见。专家咨询意见由仲裁庭决定是否接受。

第六十二条　费用承担

（一）仲裁庭有权在裁决书中裁定当事人最终应向仲裁委员会支付的仲裁费用和实际费用等。

（二）仲裁庭有权根据案件的具体情况在裁决书中裁定败诉方应补偿胜诉方因办理案件而支出的合理的费用。仲裁庭裁定败诉方补偿胜诉方因办理案件而支出的费用是否合理，应具体考虑案件的裁决结果、复杂程度、胜诉方当事人及/或代理人的实际工作量以及案件的争议金额等因素。

第六十三条　裁决书的更正

（一）仲裁庭可以在发出裁决书后的合理时间内自行以书面形式对裁决书中的书写、打印、计算上的错误或其他类似性质的错误作出更正。

（二）任何一方当事人均可以在收到裁决书后30日内就裁决书中的书写、打印、计算上的错误或其他类似性质的错误，书面申请仲裁庭作出更正；如确有错误，仲裁庭应在收到书面申请后30日内作出书面更正。

（三）上述书面更正构成裁决书的组成部分，应适用本规则第五十八条第（四）至（九）款的规定。

第六十四条　补充裁决

（一）如果裁决书中有遗漏的请求事项，仲裁庭可以在发出裁决书后的合理时间内自行作出补充裁决。

（二）任何一方当事人可以在收到裁决书后30日内以书面形式请求仲裁庭就裁决书中遗漏的请求事项作出补充裁决；如确有漏裁事项，仲裁庭应在收到上述书面申请后30日内作出补充裁决。

（三）该补充裁决构成裁决书的一部分，应适用本规则第五十八条第（四）至（九）款的规定。

第六十五条　裁决的履行

（一）当事人应依照裁决书写明的期限履行仲裁裁决；裁决书未写明履行期限的，应立即履行。

（二）一方当事人不履行裁决的，另一方当事人可以依法向有管辖权的法院申请执行。

第三章 快速程序

第六十六条 快速程序的适用

（一）除非当事人另有约定，凡争议金额不超过人民币 500 万元的，或争议金额超过人民币 500 万元但经一方当事人书面申请并征得另一方当事人书面同意的，或双方当事人约定适用快速程序的，适用快速程序。

（二）没有争议金额或者争议金额不明确的，由仲裁委员会根据案件的复杂程度、涉及利益的大小以及其他有关因素综合考虑决定是否适用快速程序。

第六十七条 仲裁通知

申请人提出仲裁申请，经审查可以受理并适用快速程序的，仲裁委员会仲裁院应向双方当事人发出仲裁通知。

第六十八条 仲裁庭的组成

除非当事人另有约定，适用快速程序的案件，依照本规则第三十二条的规定成立独任仲裁庭审理案件。

第六十九条 答辩和反请求

（一）被申请人应在收到仲裁通知后 20 日内提交答辩书及证据材料以及其他证明文件；如有反请求，也应在此期限内提交反请求书及证据材料以及其他证明文件。

（二）申请人应在收到反请求书及其附件后 20 日内针对被申请人的反请求提交答辩。

（三）当事人确有正当理由请求延长上述期限的，由仲裁庭决定；仲裁庭尚未组成的，由仲裁委员会仲裁院决定。

第七十条 审理方式

仲裁庭可以按照其认为适当的方式审理案件，可以在征求当事人意见后决定只依据当事人提交的书面材料和证据进行书面审理，也可以决定开庭审理。

第七十一条 开庭通知

（一）对于开庭审理的案件，仲裁庭确定第一次开庭日期后，应不晚于开庭前 15 日将开庭日期通知双方当事人。当事人有正当理由的，可以请求延期开庭，但应于收到开庭通知后 3 日内提出书面申请；是否延期，由仲裁庭决定。

（二）当事人有正当理由未能按上述第（一）款规定提出延期开庭的，是否接受其延期申请，由仲裁庭决定。

（三）再次开庭审理的日期及延期后开庭审理日期的通知及其延期申请，不受上述第（一）款期限的限制。

第七十二条 作出裁决的期限

（一）仲裁庭应在组庭后 3 个月内作出裁决书。

（二）经仲裁庭请求，仲裁委员会仲裁院认为确有正当理由和必要的，可以延长该期限。

（三）程序中止的期间不计入上述第（一）款规定的裁决期限。

第七十三条　程序变更

仲裁请求的变更或反请求的提出，不影响快速程序的继续进行。经变更的仲裁请求或反请求所涉争议金额分别超过人民币 500 万元的案件，除非当事人约定或仲裁庭认为有必要变更为普通程序，继续适用快速程序。

第七十四条　本规则其他条款的适用

本章未规定的事项，适用本规则其他各章的有关规定。

第四章　香港仲裁的特别规定

第七十五条　本章的适用

（一）仲裁委员会在香港特别行政区设立仲裁委员会香港仲裁中心。本章适用于仲裁委员会香港仲裁中心管理的仲裁案件。

（二）当事人约定将争议提交仲裁委员会香港仲裁中心仲裁或约定将争议提交仲裁委员会在香港仲裁的，由仲裁委员会香港仲裁中心接受仲裁申请，管理案件。

第七十六条　仲裁地及程序适用法

除非当事人另有约定，仲裁委员会香港仲裁中心管理的案件的仲裁地为香港，仲裁程序适用法为香港仲裁法，仲裁裁决为香港裁决。

第七十七条　管辖权决定

当事人对仲裁协议及/或仲裁案件管辖权的异议，应不晚于第一次实体答辩前提出。

仲裁庭有权对仲裁协议的存在、效力以及仲裁案件的管辖权作出决定。

第七十八条　裁决书的印章

裁决书应加盖"中国海事仲裁委员会香港仲裁中心"印章。

第七十九条　仲裁收费

依本章管理的案件适用《中国海事仲裁委员会仲裁费用表（三）》（本规则附件二）。

第八十条　本规则其他条款的适用

本章未规定的事项，适用本规则其他各章的有关规定。

第五章　附　　则

第八十一条　电子签名

除非仲裁地法律另有规定、当事人另有约定，或者仲裁委员会仲裁院或仲裁庭另有决定，撤案决定、调解书和裁决书等可以由仲裁员电子签名。

第八十二条　仲裁语言

（一）当事人对仲裁语言有约定的，从其约定。当事人对仲裁语言没有约定的，以中文为仲裁语言。仲裁委员会仲裁院或仲裁庭也可以视案件的具体情形确定其他语言为仲裁语言。

（二）仲裁庭开庭时，当事人或其代理人、证人需要语言翻译的，可由仲裁委员会仲裁院提供译员，也可由当事人自行提供译员。

（三）当事人提交的各种文书和证明材料，仲裁庭或仲裁委员会仲裁院认为必要时，可以要求当事人提供相应的中文译本或其他语言译本。

第八十三条　仲裁费用及实际费用

（一）仲裁委员会除按照仲裁费用表向当事人收取仲裁费外，还可以向当事人收取其他额外的、合理的实际费用，包括仲裁员办理案件的特殊报酬、差旅费、食宿费、聘请速录员速录费，以及仲裁庭聘请查验人、鉴定人、审计人、评估人和翻译等费用。仲裁员的特殊报酬由仲裁委员会仲裁院在征求相关仲裁员和当事人意见后，参照《中国海事仲裁委员会仲裁费用表（三）》（本规则附件二）有关仲裁员报酬和费用标准确定。

（二）当事人未在仲裁委员会规定的期限内为其选定的仲裁员预缴特殊报酬、差旅费、食宿费等实际费用的，视为没有选定仲裁员。

（三）当事人约定在仲裁委员会或其上海总部/分会/仲裁中心所在地之外开庭的，应预缴因此而发生的差旅费、食宿费等实际费用。当事人未在仲裁委员会规定的期限内预缴有关实际费用的，应在仲裁委员会或其上海总部/分会/仲裁中心所在地开庭。

（四）当事人约定以两种或两种以上语言为仲裁语言的，或根据本规则第六十六条的规定适用快速程序的案件但当事人约定由三人仲裁庭审理的，仲裁委员会可以向当事人收取额外的、合理的费用。

第八十四条　责任限制

除非仲裁地法律另有规定，仲裁委员会及其工作人员、仲裁员、仲裁庭秘书，以及仲裁庭指定的专家，不就与仲裁相关的行为向当事人承担责任。

第八十五条　基本原则及规则解释

（一）本规则未明确规定的事项，仲裁委员会仲裁院和仲裁庭应当根据本规则精神行事。

（二）本规则条文标题不用于解释条文含义。本规则由仲裁委员会负责解释。

第八十六条　规则的施行

本规则自 2021 年 10 月 1 日起施行。本规则施行前仲裁委员会及其上海总部/分会/仲裁中心管理的案件，仍适用受理案件时适用的仲裁规则；双方当事人同意的，也可以适用本规则。

实用附录

仲裁申请书

申请人：_____
地址：_____
法定代表人：_____ 职务：_____ 电话：_____
委托代理人：_____ 工作单位_____
　　　　　　性别：_____ 年龄：_____
　　　　　　职务：_____ 电话：_____

被申请人：_____
地址：_____
法定代表人：_____ 职务：_____ 电话：_____
委托代理人：_____ 工作单位_____
　　　　　　性别：_____ 年龄：_____
　　　　　　职务：_____ 电话：_____

仲裁请求：
　　（1）裁决被申请人因其违约行为向申请人支付贷款_____元和经济损失_____元；
　　（2）仲裁费用由被申请人负担。
事实与理由：
　　（事实经过）_____
　　（要求被申请人承担责任的理由）_____

此致
_____仲裁委员会

申请人：_____
（盖章）
____年____月____日

附：1._____ 2._____

仲裁答辩书

答辩人：_____
地址：_____
法定代表人：_____职务：_____电话：_____
委托代理人：_____工作单位：_____
　　　　　性别：_____年龄：_____
　　　　　职务：_____电话：_____
被答辩人：_____
地址：_____
法定代表人：_____职务：_____电话：_____
委托代理人：_____工作单位_____
　　　　　性别：_____年龄：_____
　　　　　职务：_____电话：_____
　　我方就被答辩人_____因与我方之间发生的_____争议向你会提出的仲裁请求，提出答辩如下：_____
_____

此致
_____仲裁委员会

　　　　　　　　　　　　　　答辩人：_____
　　　　　　　　　　　　　　　　（盖章）
　　　　　　　　　　　　_____年____月____日

附：1. _____
　　2. _____
　　3. _____

仲裁反请求申请书

申请人（答辩人）：＿＿＿＿＿＿＿＿
地址：＿＿＿＿＿＿＿＿＿＿
法定代表人：＿＿＿＿＿＿职务：＿＿＿＿＿＿电话：＿＿＿＿＿＿
委托代理人：＿＿＿＿＿＿工作单位＿＿＿＿＿＿＿＿
　　　　　　性别：＿＿＿＿年龄：＿＿＿＿
　　　　　　职务：＿＿＿＿＿＿电话：＿＿＿＿＿＿
被申请人（被答辩人）：＿＿＿＿＿＿＿＿
地址：＿＿＿＿＿＿＿＿＿＿
法定代表人：＿＿＿＿＿＿职务：＿＿＿＿＿＿电话：＿＿＿＿＿＿
委托代理人：＿＿＿＿＿＿工作单位＿＿＿＿＿＿＿＿
　　　　　　性别：＿＿＿＿年龄：＿＿＿＿
　　　　　　职务：＿＿＿＿＿＿电话：＿＿＿＿＿＿
反请求：
　　1. 由被申请人承担因其违约行为给申请人造成的经济损失＿＿＿＿＿＿元；
　　2. 仲裁费用由被申请人负担。
事实与理由：
　　（事实经过）＿＿＿＿＿＿＿＿＿＿＿＿＿＿＿＿＿
　　（要求被申请人承担责任的理由）＿＿＿＿＿＿＿＿＿＿＿＿＿＿＿＿＿＿＿＿＿＿＿＿＿＿＿＿＿＿＿＿＿＿＿＿＿＿＿
　　　　　　　此致
＿＿＿＿＿＿仲裁委员会

申请人：＿＿＿＿＿＿
（盖章）
＿＿＿年＿＿＿月＿＿＿日

仲裁和解协议

申请人：_____
地址：_____
法定代表人：_____
委托代理人：_____

被申请人：_____
地址：_____
法定代表人：_____
委托代理人：_____

  申请人_____（以下简称申请人）与_____（以下简称被申请人）于___年___月___日签订_____合同。申请人于___年___月___日就合同项下的争议向____仲裁委员会提出仲裁申请。____仲裁委员会仲裁庭在____年___月___日在北京对上述争议仲裁案开庭审理，并根据双方当事人的意愿于___年___月___日进行调解。双方当事人本着互谅互让的原则对争议进行了和解协商，并达成如下和解协议：

  一、_____
  二、_____
  三、_____
  四、_____合同争议仲裁案仲裁费用由申请人_____承担_____元，由被申请人_____承担_____元。
  五、本协议自双方当事人签字之日生效，一式三份，双方各持一份，仲裁庭一份。

  申请人：（签字盖章） 被申请人：（签字盖章）

               ___年___月___日